太らない中華

毎日中華［著］

マイナビ

中華料理を
ヘルシーに仕上げるコツ、
教えます！

「コレステロール値が高いです。このままでは内臓脂肪がつき、心臓にも負担がかかるので、油分を控えてください」

5年前の健康診断で、こう言われたのが始まりでした。

から揚げが大好物、油っこい中華料理が大好きだった僕は、それまで食事に気をつけるという意識がなく、お医者さまに注意を受けたときは、正直ショックでした。

「油をふんだんに使う中華料理は控えなくては……」

そう考えて2年ほどヘルシーな食事を続けましたが、もの足りなさはぬぐい切れません。

僕にとって中華はふるさとの味です。おいしい中華が食べたい。しかし、体のことも考えなくてはならない。

食欲と自制心の狭間で「じゃあ、太らない中華料理を作ればいいのだ！」と思い立ち、YouTubeの『毎日中華』チャンネルで「太らない中華」のレシピ動画をシェアしはじめたことがきっかけで、この本を皆さまにお届けできることになりました。

最初は自分や家族のためだけに作っていた「太らない中華」ですが、応援してくださるかた、レシピを喜んでくださるかたに励まされて、今では「みんなで毎日おいしく食べながら、健康になれるレシピを作ろう」という気持ちで作っています。

この本を手に取ってくださってありがとうございます。読んでくださった皆さまと一緒に、おいしく健やかな毎日が過ごせることを願って。

毎日中華

CONTENTS

PART 3
豆腐・鶏肉・卵で作る 太らない中華

中華なのに太らない？

とっておきの極意5

中華料理は油たっぷり＆味が濃くて
太りやすいイメージですが、
本書のレシピは太らない中華。
調理のコツをおぼえましょう。

旬の野菜をメインに
油を極力カットするのがコツ

　揚げたてのサクサク、ジューシーなから揚げ、
パラパラの炒飯、肉汁たっぷりの餃子、ひき肉
たっぷりの激辛の麻婆豆腐……。どれも油たっ
ぷり＆濃い味つけで、本当においしいものばか
り。でも、食べすぎると太ってしまいますよね。
YouTubeで紹介している『毎日中華』の料理は、
旬の野菜がメイン。毎日食べる中華だからこそ、
野菜のおかずが主役です。野菜にはビタミン、ミ
ネラル、食物繊維が豊富なうえ、ポリフェノール
などのフィトケミカルも含まれているので、健康
＆美容にも効果的。そして、野菜自体が低カロリ
ーだから、とってもヘルシー！　さらに太らない
ようにするためには、油を極力カットすること！
中華は太るから……と気にしていた人も、野菜を
メインに油少なめにすれば、安心しておいしい中
華をたっぷり食べられます。

旬のおいしい野菜を
メインに使う

野菜は高い……と思いがちですが、春夏秋冬、それぞれの季節に出回る旬の野菜は、安いうえにみずみずしくて味が濃く、ビタミン、ミネラルなどの栄養が豊富です。旬の野菜を使えば、油や調味料が控えめでも、おいしい中華が味わえます。例えば、春ならキャベツや新じゃがなどの野菜を、夏ならピーマンやトマト、なすなどの野菜をメインに使った中華を作ってみましょう。旬の野菜の甘みや旨み、香りをいかした中華料理をぜひ、毎日の献立に取り入れてみてください。

野菜だけなのに
大満足！

1つの野菜と
1つのたんぱく質食材で
簡単！ ボリューミー！

たんぱく質は
低脂質のものに限る

豆腐を
メインにして
ヘルシーに！

鶏むね肉、えびなど
低脂質のたんぱく質
食材を使って！

メインおかずなら野菜のほかに、たんぱく質が豊富な肉や魚介、豆腐なども欠かせないところ。なるべくたんぱく質は、肉なら鶏むね肉や牛もも肉など、高たんぱく、低脂質の部位を選ぶようにするとカロリーダウン！ 魚介や豆腐は、高たんぱく、低脂質なのでたくさん食べても安心です。もし、脂身のある肉を使うときは、余分な脂身を取り除く、一度ゆでるなどの工夫をし、脂質をカットすることを忘れずに。食材を選ぶことはもちろん、下ごしらえの工夫が大切です。

③ 油は極力少なく!

中華料理は油通しといって、素材の表面を油でコーティングして発色を良くしたり、炒める、揚げるなど、高温で素早く火を通す調理法がほとんど。油をたっぷり使う料理が多いのが特徴です。本書で紹介している『太らない中華』は、油を極力少なくして、低カロリーに仕上げています。そのためには、フッ素樹脂加工のフライパンで調理すること、油をきちんと量ること、食材を下ゆでして先に火を通しておくことなど、ちょっとした調理の工夫をすること。大幅にカロリーダウンします。

油の量は少なめに!

フッ素樹脂加工のフライパンを使って、油を極力減らしましょう。油は計量スプーンを使って、正確に量りましょう。

肉や魚は揚げずに焼く!

酢豚やえびチリなど、肉や魚に衣をつけて揚げてから炒めるような料理は、揚げずに焼くことで、大幅に油をカットし、カロリーダウン。

火の通りにくい 根菜・いもはゆでる

大根やいもなど、かたくて火の通りにくい野菜は、炒める前に下ゆでしておくと、油が少なくても、素早く火を通しやすくなります。

肉は一度ゆでる

肉は一度ゆでておくと、余分な脂が落ちるので、大幅にカロリーダウン。多量の油がなくても、さっと火を通すだけでおいしく仕上がります。

4 肉なし！米なし！ でも おいしく作る工夫を

脂身の多い肉を使う料理は、高脂肪のうえ、高カロリー。ときには、肉や魚などの動物性食品を使わない中華を作ってみるのもヘルシー！ 例えば、麻婆豆腐。脂たっぷりの豚ひき肉を、みじん切りのしいたけにチェンジするだけで、ボリュームや旨みを保ちつつ、超ヘルシーな仕上がりに。また、炒飯や天津飯など、糖質たっぷりのごはん料理も太る原因に。そのごはんは、カリフラワーを細かく刻んで代用することで、たっぷり食べても糖質オフ！ たくさん食べても安心な太らない中華の完成です。

米の代わりに カリフラワーで 糖質カット！

肉の代わりにしいたけの角切りで、旨み＆食べ応えアップ！

5 調味料が少量でも グッとおいしくなるコツ

調味料を少し 煮詰めて仕上げて、 旨みたっぷり！

下味をしっかり つけることで、 おいしい仕上がりに！

油のほかにもカロリーや糖質が高くなる原因として、調味料があります。オイスターソースやトマトケチャップ、マヨネーズなどの調味料をたくさん使ってこってりした味つけにすると、食欲がアップしてごはんが進み、結果的に太ってしまうことに。なるべく調味料は少量にして、おいしく仕上げるコツをおぼえましょう。肉や魚には下味をつけて旨みをアップしたり、少量の調味料は最後に煮詰めて仕上げ、からませるようにすると、満足度の高い仕上がりになります。

この本の使い方

● 材料は2人分を基本にしています。

● 計量単位は大さじ1=15㎖、小さじ1=5㎖としています。

● 電子レンジは600Wを基本としています。500Wの場合は加熱時間を1.2倍にしてください。

● 「少々」は小さじ⅙未満を、「適量」はちょうど良い量を、「適宜」は好みで必要があれば入れることを示します。

● 「合わせ調味料」は事前に混ぜておいたほうが良いもの、「A」などは混ぜずにその都度加えて良いものを示します。

● にんにく、しょうがのすりおろしは、市販のチューブ入りでも代用可能です。「少々」は0.5㎝分、「小さじ1」は3㎝分を目安に調整してください。

PART **1**

太らない！
王道中華

ダイエット中だからといって中華料理を
避けるのはもったいない！　たんぱく質が
豊富な食材や野菜をしっかり取り入れて、
おいしくて、太らない中華を楽しみましょう。

肉なし麻婆豆腐

だから太らない

麻婆豆腐はひき肉を使うのが定番ですが、代わりにしいたけを使って
脂質を大幅にオフ。豆腐でたんぱく質がしっかりとれて、満腹感も◎。

材料 （2人分）

絹ごし豆腐… 1丁
長ねぎ… ⅓本
小ねぎ… 1本
しいたけ… 3〜5個

A
┌ にんにく（みじん切り）… 1かけ分
└ しょうが（みじん切り）… 5g

豆板醤・甜麺醤… 各小さじ1
水… 200㎖

B
┌ 酒… 大さじ1
│ しょうゆ… 小さじ2
│ 鶏がらスープの素… 小さじ1
│ 砂糖… 小さじ⅔
└ 花山椒（あれば）… 少々

こしょう… 適量
水溶き片栗粉
　…片栗粉小さじ1＋水大さじ2
サラダ油… 小さじ2
ごま油・粉山椒… 各適量

作り方

下ごしらえ

1 長ねぎはみじん切り、小ねぎは小口切りにし、
しいたけは軸を切り落とす。

本調理

2 深めのフライパンに塩小さじ1（分量外）を入
れたたっぷりのお湯（約800㎖）を沸かし、
豆腐を入れて1分ほどゆでる。ザルに上げて
水けをきり、サイコロ状に切る（a）。

3 2のお湯にしいたけを入れ、30秒ほどゆで
て水けをきり、みじん切りにする。

4 フライパンのお湯を捨ててさっと拭き、サラ
ダ油を中火で熱し、3を入れて軽く炒める。
Aを加え、香りが出たら豆板醤、甜麺醤を加
えて炒める。

5 水を加え、煮立ったらBを加えてよく混ぜる。
2を加え、中〜強火で2〜3分煮る。

6 長ねぎを加え、こしょうをふって軽く混ぜ、
水溶き片栗粉を回し入れてとろみをつける。
小ねぎを加えてさっと炒める。

7 器に盛り、ごま油をかけ、粉山椒をふる。

POINT

a

豆腐は軽くゆでてからサイコロ状に切るのが、
煮崩れしないコツ。

おいしく仕上げるコツ

しいたけはさっとゆでて
みじん切りにすると、ひき肉
のような食感になります。

油オフのえびチリ

だから太らない

中華屋さんで食べるえびチリは、えびを一度揚げていることが多いですが、
少量の油で炒めることでカロリーを抑えられます。

材料 (2人分)

えび(殻つき)…10尾
長ねぎ…⅓本
A ┌ 片栗粉…小さじ1
  │ 塩…ひとつまみ
  └ こしょう・酒…各少々
B ┌ にんにく(みじん切り)…1かけ分
  └ しょうが(みじん切り)…6g
豆板醤…小さじ1
合わせ調味料
  ┌ 水…大さじ5
  │ トマトケチャップ…大さじ1と½
  │ 酒…大さじ1
  │ 砂糖・鶏がらスープの素・ごま油
  │   …各小さじ1
  └ 酢…小さじ½
サラダ油…大さじ1

作り方

下ごしらえ

1 えびは殻をむき、背ワタを取り除く。洗って
水けを拭き取り、**A**で下味をつけておく。

2 長ねぎはみじん切りにする。

本調理

3 フライパンにサラダ油大さじ½を中火で熱し、
1を並べ入れて焼く(a)。両面に焼き色がつき、
火が通ったら一度取り出す。

4 同じフライパンにサラダ油大さじ½、**B**を中
火で熱し、香りが出たら豆板醤を加え、香り
が出るまで炒める。

5 合わせ調味料を加え、煮立ったら**3**を戻し入
れ、**2**を加える。軽く混ぜながら20～30秒
煮る。

※とろみが足りない場合は、水溶き片栗粉を足して調整する。

POINT

a

えびは両面を焼いた後、火が通るまで炒めて。

おいしく仕上げるコツ

えびは一度取り出して、
最後に調味料と合わせることで、
プリプリ食感を残せます。

ヘルシー回鍋肉

だから太らない

豚肉は一度ゆでて脂身を落とし、カロリーオフに。
スーパーで買うときも、脂が少ないものを選ぶのがおすすめ。

材料 （2人分）

豚切り落とし肉… 150g
キャベツ… 100g
ピーマン… 2個
塩… ひとつまみ
豆板醤… 小さじ1
A ┌ にんにく（薄切り）… 1かけ分
　├ しょうが（せん切り）… 5g
　└ 赤唐辛子（輪切り）… 1本分
B ┌ 酒… 大さじ1
　├ しょうゆ… 小さじ2
　└ 甜麺醤… 小さじ1
C ┌ 鶏がらスープの素… 小さじ½
　└ 砂糖… 小さじ⅓
サラダ油… 大さじ1

作り方

下ごしらえ

1 キャベツはひと口大に切る。ピーマンは種とワタを取り除き、ひと口大に切る。

本調理

2 深めのフライパンにたっぷりのお湯を沸かし、豚肉をくぐらせる（a）。6〜8割方色が変わったらすぐに取り出して冷水にとり（b）、キッチンペーパーで水けを拭き取る。

3 フライパンのお湯を捨ててさっと拭き、サラダ油大さじ⅓を中火で熱し、**1**を入れて軽く炒める。塩を加えて30秒ほど炒め、一度取り出す。

4 同じフライパンにサラダ油大さじ⅔を中火で熱し、**2**を入れて軽く炒める。豆板醤を加えて混ぜ、**A**を加えて香りが出るまで炒める。

5 **B**を加えて（c）軽く炒め、**3**を戻し入れ（d）、強火で1分ほど炒める。

6 **C**を加えて全体を混ぜながらさっと炒める。

POINT

（a）湯通しで肉の脂を落とす。（b）冷水にとって余熱が進行するのを防ぐ。（c）にんにくとしょうがの香りが出てから**B**を加える。（d）強火がおいしさのコツ。

おいしく仕上げるコツ

豚肉をゆでた後、冷水にとることで火が入りすぎず、やわらかく仕上がります。

かに玉

だから太らない　リーズナブルなかに風味かまぼこを使うから、
毎日でも食べられる！　ダイエットは継続が大切です。

▷ 材料 ◁ （2人分）

かに風味かまぼこ…5本
卵（Lサイズ）…3個
塩・酢…各少々
合わせ調味料
　┌ 水…100ml
　│ 鶏がらスープの素・しょうゆ・
　│ 片栗粉・ごま油…各小さじ1
　└ 砂糖…小さじ⅔
サラダ油…大さじ½
小ねぎ（小口切り）…適量

▷ 作り方 ◁

下ごしらえ

1 かに風味かまぼこは裂く。

2 卵はボウルに割り入れて、**1**、塩、酢を加えて（a）溶き混ぜる。

本調理

3 フライパンにサラダ油を中火で熱し、**2**を流し入れて焼き、半熟状になったら器に取り出す。

4 同じフライパンをさっと拭き、合わせ調味料を入れて弱火にかける。とろみが出たら、**3**の上にかけ、小ねぎを散らす。

POINT

酢を入れることでふわふわの卵に。

えびマヨ

だから太らない

マヨネーズはカロリーハーフを使ってヘルシーに。
こってりを食べたい！ そんな気持ちにお応えします。

材料 (2人分)

えび（殻つき）…8尾

A
- 卵白…½個分
- 片栗粉…大さじ1
- 塩…ひとつまみ

B
- レモンの搾り汁…⅛個分
- マヨネーズ（カロリーハーフ）
  …大さじ3
- トマトケチャップ…小さじ1
- 鶏がらスープの素…小さじ⅓
- にんにく（すりおろし）
  …小さじ¼

サラダ油…小さじ2

作り方

下ごしらえ

1 えびは殻をむき、背ワタを取り除く。
洗って水けを拭き取り、Aで下味を
つけておく。

本調理

2 フライパンにサラダ油を中火で熱し、
1を並べ入れ、両面に焼き色がつく
まで焼く。

3 混ぜ合わせたBを回しかけ、からめ
ながら10秒ほど炒める。

おいしく仕上げるコツ

えびの水けはしっかり
拭き取ることで、調味料との
なじみが良くなります。

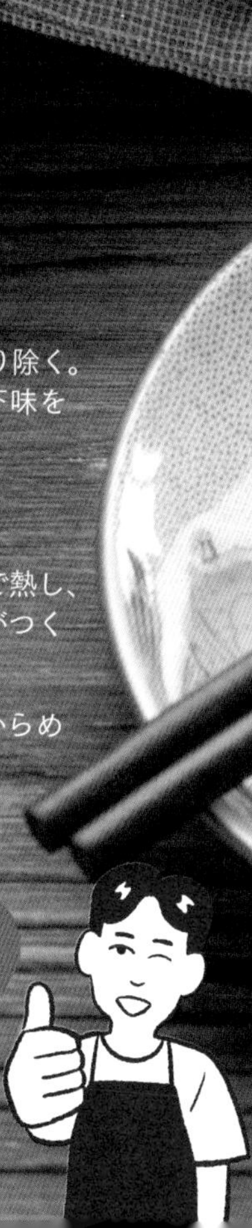

揚げない酢豚

豚肩ロース肉は、たんぱく質はもちろん、ビタミンB$_1$、ナイアシンを多く含み代謝をアップ。
揚げない分、油が減らせてカロリーダウン！

〈 材 料 〉（2人分）

豚肩ロース薄切り肉… 180g
玉ねぎ（大）…¼個
ピーマン… 1個
パプリカ（赤）…½個

A ┌ 水…大さじ2
  │ しょうゆ・酒・しょうが（すりおろし）
  │   …各小さじ1
  └ 塩・こしょう…各少々

片栗粉…大さじ1と½
ごま油…小さじ1

合わせ調味料
┌ 水…大さじ2
│ 砂糖・しょうゆ・トマトケチャップ
│   …各大さじ1
│ 酢…小さじ2
└ 鶏がらスープの素…小さじ1

サラダ油…大さじ1

〈 作り方 〉

下ごしらえ

1 豚肉はひと口大より大きめに切り、ポリ袋に入れ、**A**を加えてもみ込む。片栗粉を加えて全体にまぶし、ごま油を加えて混ぜる。

2 玉ねぎはひと口大に切る。ピーマン、パプリカは種とワタを取り除き、ひと口大に切る。

本調理

3 フライパンにサラダ油を中火で熱し、**1**を折りたたんで厚みを出して並べ入れる（a）。焼き色がついたら上下を返して端に寄せ、空いたスペースに**2**を入れて炒める。豚肉に焼き色がついたら炒め合わせる。

4 合わせ調味料を加え、20〜30秒炒める。

POINT

a

厚みを出して食べ応えをアップ。

おいしく仕上げるコツ

片栗粉をまぶすことで、少量の調味料でしっかりと味をつけられます。

おいしく仕上げるコツ

1の香りを移した水の残りは、
肉団子や餃子に
加えて使ってください。

鶏むね肉の油淋鶏
ユーリンチー

だから太らない パリパリッとした油淋鶏も捨て難いですが、太らないためには少量の
油で焼き、後はとっておきのタレで大満足の一品を目指しましょう。

材料 （2人分）

鶏むね肉… 300g
小ねぎ… 1本
しょうが… 5g
水… 50㎖

A
```
酒・にんにく（すりおろし）
　…各小さじ1
こしょう…適量
```

片栗粉…大さじ1

B
```
水…大さじ2
しょうゆ…大さじ1と½
砂糖…小さじ2
酢・ごま油…各小さじ1
しょうが（すりおろし）・中国たま
　りじょうゆ（あれば）…各少々
小ねぎ（小口切り）…適量
```

サラダ油…大さじ1

作り方

下ごしらえ

1 小ねぎは結び、しょうがは薄切りに
する。ボウルに入れ、水を加えて
10分ほどおき、搾って取り除く(a)。

2 鶏肉は皮を取り除き、厚い部分を開
いてフォークで数カ所穴をあける。
ポリ袋に入れ、**1**の水の半量、**A**を
加えてもみ込む。10〜20分おき、
片栗粉をまぶす。

本調理

3 フライパンにサラダ油を中火で熱し、
2を入れ、両面に焼き色がつくまで
焼く。

4 食べやすい大きさに切って器に盛り、
混ぜ合わせた**B**をかける。

POINT

a

水に小ねぎとしょうがの香りを
移して、香りづけをする。

鶏むね肉の棒棒鶏

バンバンジー

おいしく仕上げるコツ

鶏肉の繊維を壊すように
フォークで穴をあけることで、
やわらかい食感になります。

だから太らない 鶏むね肉は、高たんぱく・低脂質・低糖質の3拍子揃った
ダイエットの味方。野菜と一緒に濃厚なタレでモリモリ食べられます。

材料 （2人分）

鶏むね肉…300g
きゅうり…1本

A
┌ 長ねぎ（緑の部分）…1本分
│ しょうが（スライス）…2〜3枚
└ 酒…大さじ1

B
┌ 白ねりごま・砂糖・
│ 　しょうゆ・酢…各大さじ1
│ にんにく（すりおろし）・
│ 　しょうが（すりおろし）・
│ 　ごま油…各小さじ1
└ ラー油…適量

作り方

下ごしらえ

1 鶏肉は皮を取り除き、フォークで数カ所穴をあける。

2 きゅうりはせん切りにしてボウルに入れ、塩少々（分量外）をもみ込んでしばらくおき、洗って水けをきる。

本調理

3 鍋に**1**、**A**、かぶるくらいの水を入れ、蓋をして強火にかける。沸騰したら火を止め、蓋をしたまま40分〜1時間おく（ゆで汁大さじ1を残す）。

4 器に**2**を盛り、細切りにした**3**をのせる。**B**、**3**のゆで汁大さじ1を混ぜ合わせてかける。

鶏むね肉の青椒肉絲
（チンジャオロースー）

だから太らない

中華屋さんで食べる青椒肉絲は味が濃いめになりがち。
牛肉を鶏むね肉に変え、調味料を最低限の分量でおいしいを目指しました。

材料 （2人分）

鶏むね肉…200g
ピーマン…5個

- A
  - 酒…大さじ1
  - しょうゆ・オイスターソース・片栗粉…各小さじ1
  - 塩…ひとつまみ
  - こしょう…少々
- B
  - にんにく（みじん切り）…1かけ分
  - しょうが（みじん切り）…5g

塩…ひとつまみ

合わせ調味料

- 水・しょうゆ…各大さじ1
- 砂糖・鶏がらスープの素…各小さじ1

サラダ油…大さじ1
ごま油…適宜

作り方

下ごしらえ

1 鶏肉は皮を取り除いて細切りにし、ポリ袋に入れ、Aを加えてもみ込む（a）。

2 ピーマンは種とワタを取り除き、細切りにする。

本調理

3 フライパンにサラダ油大さじ½を中火で熱し、1を入れて炒め、白っぽくなったら一度取り出す。

4 同じフライパンにサラダ油大さじ½、Bを強火で熱し、香りが出たら2を入れて1分ほど炒め、塩を加える。

5 3を戻し入れて炒め合わせ、合わせ調味料を加えて20〜30秒炒める。お好みでごま油をかける。

POINT

a

鶏むね肉に下味をしっかりもみ込むことでしっとり食感に。

おいしく仕上げるコツ

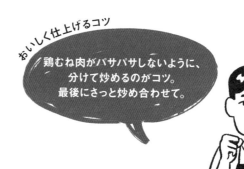

鶏むね肉がパサパサしないように、分けて炒めるのがコツ。最後にさっと炒め合わせて。

ヘルシー＆
食べ応えあり！

脂身カットの八宝菜

だから太らない

脂身の多い豚バラ肉よりも切り落とし肉やヒレ肉を選び、
油を少なめに調理すればカロリーオフできます。

材料 （2人分）

豚切り落とし肉…80g
えび（冷凍）…5〜6尾
きくらげ（乾燥）…2g
白菜…100g
チンゲン菜…½株
にんじん…¼本
しいたけ…2個
うずら卵（水煮）…6個
しょうが（みじん切り）…5g
A ┌ 酒・しょうゆ…各大さじ1
　└ オイスターソース…大さじ½
B ┌ 水…100mℓ
　│ 砂糖・鶏がらスープの素
　└ 　…各小さじ1
水溶き片栗粉
　…片栗粉大さじ1＋水大さじ2
サラダ油…小さじ2
ごま油…適宜

作り方

下ごしらえ

1 えびは塩小さじ⅓（分量外）を入れた水（約200mℓ）に浸け、30分以上おいて解凍する。

2 きくらげはお湯に浸け、10分以上おいて戻し、半分に切る。

3 豚肉、白菜はひと口大に切り、チンゲン菜は四つ割りにする。にんじんは縦に薄切りにし、斜め半分に切る。しいたけは軸を切り落として薄切りにする。

本調理

4 深めのフライパンにたっぷりのお湯を沸かし、にんじんを入れてゆで、**2**、しいたけ、白菜を加えてゆでる（a）。チンゲン菜を加えて1分ほどゆで（b）、ザルに上げて水けをきる。

5 フライパンのお湯を捨ててさっと拭き、サラダ油、しょうがを中火で熱し、香りが出たら豚肉を入れて炒める。6〜7割方火が通ったら、**4**を加えて強火で30秒〜1分炒め合わせる。**A**を加え、さらに30秒ほど炒める。

6 **B**、**1**、うずら卵を加え、煮立ったら水溶き片栗粉を少しずつ回し入れてとろみをつける。

7 器に盛り、お好みでごま油をかける。

POINT

（a）最初にかたい食材、旨み食材からゆでる。（b）チンゲン菜の食感をいかすために、さっとゆでる。

おいしく仕上げるコツ

水溶き片栗粉は少しずつ入れることでダマになりづらく、舌触りも良くなります。

27

餃子

だから太らない

餃子1つ1つの底面を油につけて焼くことで、
少量の油でもこんがりと焼き上げることができます。

材料 （25個分）

餃子の皮… 25枚
豚ひき肉… 200g
白菜… 200g
小ねぎ… 3本
しょうが… 10g

A
- しょうゆ・オイスターソース・片栗粉…各大さじ1
- 塩…小さじ⅓
- 中国たまりじょうゆ（あれば）…少々
- こしょう…適量

お湯… 100㎖
ごま油… 小さじ2
サラダ油… 大さじ1

作り方

下ごしらえ

1 白菜はみじん切りにし、ボウルに入れ、塩小さじ1（分量外）をまぶして5分ほどおく。水洗いして水けをしぼる。

2 小ねぎは小口切り、しょうがはみじん切りにする。

本調理

3 ボウルにひき肉を入れ、しょうがを加えて混ぜる。**A**、小ねぎを加えてよく混ぜる（a）。**1**を加えて混ぜ、ごま油小さじ1を加えてよく混ぜる（b）。

4 餃子の皮で**3**を包む（c）。

5 フライパンにサラダ油を弱火で熱し、**4**の底面に油をつけながら隙間を空けて並べ入れる。中火にして、焼き色がつくまで焼く。

6 お湯を加え、蓋をして3〜4分蒸し焼きにする。パチパチと音がしてきたら蓋を取り、ごま油小さじ1を回しかける。30秒〜1分焼き、水けを飛ばす。

POINT

（a）白菜は水が出やすいので、後から加える。（b）ごま油でパサつきを防ぐ。（c）肉だねは気持ち多めに入れると◎。

おいしく仕上げるコツ
市販の皮でOKですが、大判の皮にたっぷりの肉だねを入れると食べ応えもあって◎。

焼売

おいしく仕上げるコツ

家庭にあるフライパンに蓋を
するだけで、せいろがなくても
十分においしく仕上がります。

だから太らない あっさりとした鶏のひき肉を使って、
低脂質に仕上げました。クコの実には代謝を高める効果も。

◁ 材料 ▷（小さめ20個分）

焼売の皮… 20枚
鶏ひき肉… 300g
玉ねぎ… ½個
クコの実… 20個

　A ┌ しょうが（すりおろし）… 10g
　　│ しょうゆ・酒・オイスターソース
　　└ 　…各大さじ1

　B ┌ 砂糖… 小さじ1
　　│ こしょう・鶏がらスープの素
　　│ 　…各小さじ½
　　└ 塩… 少々

　C ┌ 片栗粉・ごま油
　　└ 　…各大さじ1

水… 50ml
サラダ油… 大さじ1

◁ 作り方 ▷

下ごしらえ

1 玉ねぎはみじん切りにする。

本調理

2 ボウルにひき肉、**A**を入れて混ぜ、
Bを加えてよく混ぜる。**1**を加えて
混ぜ、**C**を加えて混ぜる。

3 焼売の皮で**2**を包み、クコの実をの
せる。

4 フライパンにサラダ油を強めの中火
で熱し、**3**を並べ入れ、少し焼き色
がつくまで1分ほど焼く。

5 水を回しかけて（a）蓋をして、弱め
の中火で6分ほど蒸し焼きにする。

POINT

くっつかないように間隔を空け
て並べたら、水を回しかける。

春巻

だから太らない 肉なし＆揚げずに作る春巻で、しっかりとカロリーオフ！
まんべんなく油が回るように焼いて。

材料 (2人分)

春巻の皮…6枚
春雨(乾燥)…30g
きくらげ(乾燥)…5g
キャベツ…100g
にんじん…⅓本
しいたけ…3個
しょうが(みじん切り)…10g

A
┌ しょうゆ・酒…各大さじ1
│ 砂糖・オイスターソース
│   …各小さじ1
│ 塩…小さじ½
└ こしょう…少々

ごま油…小さじ½
水溶き片栗粉
　…片栗粉小さじ1＋水大さじ2
サラダ油…大さじ2と½

作り方

下ごしらえ

1 春雨は水に浸けて戻し、水洗いして水けをきり、食べやすい長さに切る。

2 きくらげはお湯に浸け、10分以上おいて戻し、細切りにする。

3 キャベツ、にんじんはせん切り、しいたけは軸を切り落として薄切りにする。

本調理

4 フライパンにサラダ油大さじ½、しょうがを中火で熱し、香りが出たら2、3を入れ、強火で1分ほど炒める。Aを加えて全体を混ぜ、ごま油、1を加えてさっと炒める。

5 水溶き片栗粉を回し入れてとろみをつけ、取り出して粗熱をとる。

6 春巻の皮で5を包んで巻く。

7 同じフライパンをさっと拭き、サラダ油大さじ2を入れ、6の両面に油をつけながら並べ入れる(a)。火をつけて弱めの中火にし、蓋をして2分ほど蒸し焼きにする。上下を返して蓋をして(b)、2分ほど蒸し焼きにする。

POINT

(a)両面に油をつけながら並べれば、揚げなくてOK。
(b)焦げ目がつくまでじっくり焼くのがコツ。

糖質オフのカリフラワー炒飯

だから太らない

ごはんの代わりにカリフラワーを使うことで、糖質を大幅にカット。
市販のカリフラワーライスも便利。

材料 （2人分）

鶏ひき肉… 100g
カリフラワー… 1株
卵（Lサイズ）… 1個
A ┌ しょうゆ…大さじ1
　 ├ 鶏がらスープの素…小さじ⅔
　 └ 塩・こしょう…各少々
サラダ油…小さじ2
小ねぎ（小口切り）…適量

作り方

下ごしらえ

1 カリフラワーはみじん切りにする。卵はボウルに割り入れて溶く。

本調理

2 フッ素樹脂加工のフライパンを中火で熱し、カリフラワーを入れて炒め（a）、軽く焼き色がついたら一度取り出す。

3 同じフライパンにサラダ油小さじ1を中火で熱し、溶き卵を流し入れて大きく混ぜながら軽く炒め、一度取り出す。

4 同じフライパンにサラダ油小さじ1を中火で熱し、ひき肉を入れ、全体が白っぽくなるまで炒める。

5 **2**を戻し入れて1分ほど炒め合わせ、**3**を戻し入れる。**A**を加えて全体を混ぜながらさっと炒める。

6 器に盛り、小ねぎを散らす。

POINT

a

フッ素樹脂加工のフライパンを使えば、油は
少量でOK。

おいしく仕上げるコツ

カリフラワーは軽く焼き色が
つくまで炒めることで、
水分が飛びパラパラ感アップ。

満足感はそのまま、
カロリーオフ！

油を徹底オフ！ 焼きそば

だから太らない

蒸し中華麺を一度ゆでることで、余分な油を落とし、
蒸し焼きにすることで油を徹底オフ！ モチモチ麺で大満足！

材料 (1人分)

蒸し中華麺…1玉
豚切り落とし肉…100g
玉ねぎ…50g
キャベツ…50g
もやし…50g
合わせ調味料
- しょうゆ…小さじ2
- オイスターソース…小さじ1
- 鶏がらスープの素…小さじ⅓
- 中国たまりじょうゆ（あれば）…少々

こしょう…適量
サラダ油…小さじ2

作り方

下ごしらえ

1 玉ねぎは薄切り、キャベツは1cm幅の細切りにする。

本調理

2 深めのフライパンにたっぷりのお湯を沸かし、中華麺を入れて1分ほどゆでる。冷水にとり(a)、水けをきる。

3 フライパンのお湯を捨ててさっと拭き、サラダ油小さじ1を中火で熱し、豚肉を入れ、5〜6割方火が通るまで炒める。1、もやしを加えて炒め、しんなりしたら一度取り出す(b)。

4 同じフライパンにサラダ油小さじ1を中火で熱し、2を入れ、蓋をして1分ほど蒸し焼きにする。上下を返して蓋をして、さらに1分ほど蒸し焼きにする（焼き色がついていなければ、蓋を取り、動かさずに焼いて焼き色をつける／c）。

5 3を戻し入れて炒め合わせ、合わせ調味料を加えて30秒ほど炒める。こしょうをふり、全体を混ぜる。

POINT

(a) 麺の油を落として食感アップ。(b) 野菜から水が出ないように一度取り出す。
(c) 軽く焼き色がつけばOK。

おいしく仕上げるコツ

麺をゆでたら冷水にとる
ひと手間で、生麺のような
食感になります。

ふだんから何気なく使っている調味料は、
味つけ以外の役割りがあることも。
基本的な調味料を知って、
おいしさの底上げにつなげましょう。

ⓐ 塩

下味をつけたり、味をと
とのえるために欠かせな
い基本的な調味料。

ⓑ こしょう

中華料理全般に使われる。
粉末あるいはホールで使
われることが多い。

ⓒ 砂糖

甘みをつけるためだけで
はなく、味のバランスを
ととのえるためにも使う。

ⓓ 酢

肉料理に使うと、肉がや
わらかくなる効果がある。
また中華料理では甘酢の
味つけが定番。

ⓔ 酒

肉をやわらかくしたり、
旨みをアップさせる。ま
た調味料の浸透をよくす
ることで、味が染み込み
やすくなる。

 ### ⓕ しょうゆ

中国の家庭料理でもよく
使用される。油ともよく
なじむと言われているの
で、中華料理との相性◎。

PART 2

野菜+αで作る
太らない中華

中華料理は野菜を使うメニューが盛りだくさん。
丁寧な調理で食感や味わいをいかして、
罪悪感なく食べられる野菜をおなかいっぱい召し上がれ。

なすのオイスターポン酢炒め

なす

だから太らない

一般的な中華料理ではなすを素揚げしますが、揚げずに焼いて油をオフ。
油のツヤの代わりに片栗粉でツヤを出しました。

材料 (2人分)

なす… 3本
小ねぎ… 1本
片栗粉… 大さじ1
A
┌ にんにく（粗みじん切り）… 2かけ分
└ 赤唐辛子（輪切り）… 2本分
合わせ調味料
┌ 酒… 大さじ1
│ しょうゆ・ポン酢しょうゆ… 各小さじ2
│ 鶏がらスープの素・オイスターソース
│   … 各小さじ1
└ 砂糖… 小さじ½
サラダ油… 大さじ1と⅔

作り方

下ごしらえ

1 なすは四つ割りにし、斜め半分に切って塩小さじ1（分量外）を入れた水（約800㎖）に浸ける。水けをきり、片栗粉をまぶす(a)。

2 小ねぎは小口切りにする。

3 合わせ調味料を混ぜ合わせる(b)。

本調理

4 フライパンにサラダ油大さじ1を中火で熱し、**1**を入れて焼き、焼き色がついたら一度取り出す。

5 同じフライパンにサラダ油大さじ⅔、**A**を中火で熱し、香りが出たら弱火にして**3**を入れ、10秒ほど混ぜる。

6 **4**を戻し入れ、全体を混ぜる。**2**を加えてさっと炒める。

POINT

（a）片栗粉は全体にしっかりまぶして。（b）調味料はあらかじめ混ぜ合わせておくのがおいしく仕上げるコツ。

おいしく仕上げるコツ

合わせ調味料は事前にしっかりと混ぜ合わせておくと、まんべんなく味つけができます。

なす

なすと鶏もも肉とトマトの中華炒め

だから太らない トマトに含まれるリコピンは、悪玉コレステロールを減らすうえ、美容効果も高いので、きれいにやせるために欠かせない食材です。

材料 （2人分）

なす…2本
鶏もも肉…200g
トマト…1個
小ねぎ…1本
片栗粉…大さじ1
にんにく（粗みじん切り）
　　…1かけ分
豆板醤…小さじ1
合わせ調味料
　┌ 水…50mℓ
　│ しょうゆ…小さじ2
　│ 砂糖・鶏がらスープの素
　│　　…各小さじ1
　└ こしょう…少々
サラダ油…大さじ1

作り方

下ごしらえ

1 なすは乱切りにし、片栗粉をまぶす。鶏肉はひと口大に切り、トマトはなすと同じくらいの大きさの乱切りにする。小ねぎは小口切りにする。

POINT

皮目から焼くことで、ジューシーに仕上がる。

本調理

2 フライパンにサラダ油大さじ⅔を中火で熱し、半面になすを並べ入れ、もう半面に鶏肉を皮目を下にして並べ入れる（a）。焼き色がついたら上下を返す。鶏肉は6〜7割方火が通るまで、なすはしんなりするまで焼き、一度取り出す。

3 同じフライパンにサラダ油大さじ⅓、にんにくを中火で熱し、豆板醤を加えて香りが出るまで炒める。トマトを加え、やわらかくなるまでよく炒める。

4 合わせ調味料を加え、煮立ったら**2**を戻し入れ、30秒ほど炒め合わせる。小ねぎを加えてさっと炒める。

なすとひき肉のとろみ炒め

だから太らない 鶏ひき肉もなすも低カロリーな食材。
油も控えめにしているので、甘辛味でも罪悪感なく楽しめます。

材料 （2人分）

なす…3本
鶏ひき肉…150g
小ねぎ…1本
豆板醤…小さじ1
にんにく（粗みじん切り）
　…2かけ分
しょうゆ…大さじ1
水…100㎖
A ┌ 鶏がらスープの素
　│　　…小さじ1
　│ 砂糖…小さじ½
　└ こしょう…少々
水溶き片栗粉
　…片栗粉小さじ⅔＋水大さじ2
サラダ油…大さじ½と小さじ1

作り方

下ごしらえ

1 なすは乱切りにし、小ねぎは小口切りにする。

本調理

2 フライパンにサラダ油大さじ½を中火で熱し、なすを入れて焼き、焼き色がついたら一度取り出す。

3 同じフライパンにサラダ油小さじ1を中火で熱し、ひき肉を入れて白っぽくなるまで炒める。豆板醤を加えて香りが出るまで10秒ほど炒め（a）、にんにくを加えてさっと炒める。しょうゆを加えて30秒ほど炒める。

4 水を加え、煮立ったら**2**を戻し入れて1分ほど炒め、**A**を加えて炒め合わせる。

5 水溶き片栗粉を回し入れてとろみをつけ、小ねぎを加えてさっと炒める。

POINT

鶏ひき肉に辛味をしっかりつけて。

なす

無限なす

だから太らない 低カロリーのなすを短時間で焼き上げることで、油も少なくすむから太らない！　ダイエット中の晩酌にもぴったりです。

おいしく仕上げるコツ

なすに切り目を入れることで短時間で焼き上がり、かつやわらかい食感になります。

材料（2人分）

なす…3本
にんにく（粗みじん切り）…1かけ分
合わせ調味料
　　水…80㎖
　　オイスターソース…大さじ1
　　しょうゆ…小さじ2
　　砂糖・鶏がらスープの素・豆板醤
　　　…各小さじ1
サラダ油…大さじ1
小ねぎ（小口切り）…適量

作り方

下ごしらえ

1 なすは縦半分に切り、ヘタ近くの2〜3㎝を残して縦1㎝幅に切り目を入れる。

本調理

2 フライパンにサラダ油大さじ1を中火で熱し、**1**を皮目を上にして並べ入れて焼く。焼き色がついたら上下を返し、しんなりしたらにんにくを加える。にんにくの香りが出るまで上下を返しながら焼く。

3 合わせ調味料を加え、汁けが少なくなるまで2〜3分煮る。

4 器に盛り、小ねぎを散らす。

なすといんげんのオイスターソース炒め

だから太らない　オイスターソースの旨みとさやいんげんのシャキシャキとした食感で、
塩分控えめでも満足感が得られます。

〈 材料 〉（2人分）

なす…2本
さやいんげん…100g
片栗粉…大さじ1
にんにく（粗みじん切り）
　…1かけ分
オイスターソース…大さじ1
A ┌ しょうゆ…大さじ1
　│ 鶏がらスープの素
　│　…小さじ1
　└ 砂糖…小さじ½
サラダ油…大さじ1

〈 作り方 〉

下ごしらえ

1 なすは4〜5cm長さのスティック状に切り、酢少々（分量外）を入れた水（約800ml）に浸ける。水けをきり、片栗粉をまぶす。

2 さやいんげんはヘタを取り除き、3〜4cm長さに切る。

POINT

なすを一度取り出してさやいんげんを炒めることで、火の入りにムラがなくなります。

本調理

3 深めのフライパンに塩小さじ1（分量外）、サラダ油少々（分量外）を入れたたっぷりのお湯（約800ml）を沸かし、**2**を入れて強火で3分ほどゆでる。冷水にとり、水けをきる。

4 フライパンのお湯を捨ててさっと拭き、サラダ油大さじ⅔を中火で熱し、**1**を入れて焼き、焼き色がついたら一度取り出す。

5 同じフライパンにサラダ油大さじ⅓、にんにくを中火で熱し、香りが出たらオイスターソースを加える。**3**を加えて30秒ほど炒め、**4**を戻し入れ、さらに30秒ほど炒める（a）。

6 **A**を加え、全体を混ぜながらさっと炒める。

長いも

長いもと鶏むね肉の中華炒め

だから太らない

長いもはいも類のなかではカロリーが低く、
食物繊維に血糖値の急上昇を抑える効果があります。

材料 (2人分)

長いも… 1本(300g)
鶏むね肉… 200g
小ねぎ… 1本
しょうが(みじん切り)… 5g
A
　┌ 酒… 大さじ1
　└ しょうゆ… 小さじ2
合わせ調味料
　┌ 水… 100mℓ
　　砂糖… 小さじ⅔
　　鶏がらスープの素… 小さじ½
　　塩・中国たまりじょうゆ(あれば)
　　　… 各少々
　└ こしょう… 適量
酢… 小さじ1
サラダ油… 小さじ2

作り方

下ごしらえ

1 長いもはひと口大の乱切りにし、小ねぎは小口切りにする。

2 鶏肉は厚い部分を開き、ひと口大に切る。

本調理

3 フライパンにサラダ油を中火で熱し、**2**を皮目を下にして並べ入れ、焼き色がついたら上下を返す。

4 しょうがを加え、香りが出たら**A**を加えてひと混ぜし、長いもを加えて30秒ほど炒める(a)。

5 合わせ調味料を加え、汁けが少なくなるまで30秒ほど炒める。酢、小ねぎを加え、全体を混ぜながらさっと炒める。

POINT

後から入れることで、長いもの食感をいかせる。

おいしく仕上げるコツ

長いもは加熱してもおいしいですが、生でも食べられる食材。入れるタイミングは意識しましょう。

45

長いものにんにく炒め

だから太らない 長いもに含まれる食物繊維には便秘解消、
カリウムにはむくみ解消の効果が期待できます。

おいしく仕上げるコツ

長いもの食感を残すために、
酢は忘れずに。表面をカリッと焼く
ことで香ばしく仕上がります。

〈 **材料** 〉（2人分）

長いも…1本（300g）
小ねぎ…1本
にんにく（みじん切り）…1かけ分
合わせ調味料
　┌ 水・しょうゆ・酢…各大さじ1
　│ 砂糖・鶏がらスープの素
　│ 　…各小さじ1
　└ 塩…少々
サラダ油…小さじ2

〈 **作り方** 〉

下ごしらえ

1 長いもは乱切り、小ねぎは小口切りに
する。

本調理

2 フライパンにサラダ油を中火で熱し、長
いもを入れて焼く。焼き色がついたらに
んにくを加え、香りが出るまで炒める。

3 合わせ調味料を加え、汁けが少なくな
るまで炒める。小ねぎを加えてさっと
炒める。

やみつき甘辛長いも

やみつきピリ辛長いも

⟨ 材料 ⟩（2人分）

長いも…1本（300g）
小ねぎ…1本
A ┌ にんにく（みじん切り）…2かけ分
  └ しょうが（みじん切り）…3g
合わせ調味料
  ┌ 水…大さじ2
  │ しょうゆ…小さじ2
  │ 砂糖・酒…各小さじ1
  │ オイスターソース…小さじ⅔
  └ 塩・中国たまりじょうゆ（あれば）…各少々
ポン酢しょうゆ…少々
サラダ油…小さじ1

⟨ 作り方 ⟩

下ごしらえ

1 長いもは乱切りにし、小ねぎは小口切りにする。

本調理

2 深めのフライパンにたっぷりのお湯を沸かし、長いもを入れ、強火で3分ほどゆでる。冷水にとり、水けをきる。

3 フライパンのお湯を捨ててさっと拭き、サラダ油、Aを中火で熱し、香りが出たら2を入れる。1分ほど炒め、合わせ調味料を加えて炒める。汁けが少なくなったらポン酢しょうゆ、小ねぎを加えてさっと炒める。

⟨ 材料 ⟩（2人分）

長いも…1本（300g）
小ねぎ…1本
A ┌ しょうが（せん切り）…5g
  └ 赤唐辛子（輪切り）…1本分
B ┌ しょうゆ…大さじ½
  └ 酒…小さじ1
C ┌ 水…小さじ1
  │ 砂糖…小さじ½
  │ 鶏がらスープの素…小さじ⅓
  └ 塩…少々
D 酢・ごま油…各少々
サラダ油…大さじ½

⟨ 作り方 ⟩

下ごしらえ

1 長いもは四つ割りにし、5mm〜1cm幅の斜め切りにする。水で2回洗い、酢少々（分量外）を入れた水（約800mℓ）に浸け、水けをきる。小ねぎは小口切りにする。

本調理

2 フライパンにサラダ油、Aを中火で熱し、香りが出たら長いもを加えて1分ほど炒める。焼き色がついたらBを加えて10秒ほど炒め、Cを加えて10秒ほど炒める。

3 D、小ねぎを加えてさっと炒める。

キャベツ

キャベツと豚肉の旨辛炒め

だから太らない

キャベツはカサがあるため食べ応えがあり、
食物繊維も多く含まれ腹持ちがいいので、ダイエットに効果的。

〈 材料 〉（2人分）

キャベツ…¼個
豚バラ肉…150g
豆板醤…小さじ1
酒…少々
A ┌ にんにく（みじん切り）…1かけ分
  └ しょうゆ…大さじ1
B ┌ 砂糖…小さじ½
  └ 鶏がらスープの素…小さじ⅔
ポン酢しょうゆ…少々
サラダ油…大さじ½

〈 作り方 〉

下ごしらえ

1 キャベツはひと口大に切り、洗って水けをきる。豚肉はひと口大に切る。

本調理

2 深めのフライパンにたっぷりのお湯を沸かし、豚肉を入れてさっと湯通しする（a）。キッチンペーパーで押さえて水けを拭き取る（b）。

3 フライパンのお湯を捨ててさっと拭き、サラダ油を中火で熱し、**2**を入れて炒める。豆板醤を加え、香りが出たら酒を加えて混ぜ、**A**を加えて10秒ほど炒める。

4 キャベツを加え、強火でしんなりするまで炒める（c）。

5 **B**を加え、全体を混ぜながら炒め、ポン酢しょうゆを加えてさっと炒める。

POINT

（a）後で炒めるので、かたくならないよう豚肉の湯通しは短く。ピンク色になったらすぐに取り出して。（b）ゆで豚は水けをしっかり取ることで、水っぽくならない。（c）キャベツを加えたら水分を飛ばすように強火で炒める。

おいしく仕上げるコツ

キャベツを加えた後は
強火で炒めることで、
香ばしい仕上がりになります。

豚バラ肉のコクが
キャベツと相性抜群。
モリモリ食べられる！

キャベツ

キャベツと卵のにんにく炒め

<u>だから太らない</u> キャベツは低カロリーなので、おなかいっぱいに食べても
摂取カロリーを抑えられます。食べすぎを防ぐ効果も。

おいしく仕上げるコツ

卵に火が入りすぎないように、
一度取り出しましょう。

〈 材料 〉（2人分）

キャベツ…¼個
卵（Lサイズ）…2個
塩…ひとつまみ
にんにく（粗みじん切り）…3かけ分
A
├ しょうゆ…大さじ1
├ オイスターソース…小さじ1
├ 鶏がらスープの素…小さじ⅔
└ 塩…少々
サラダ油…大さじ1

〈 作り方 〉

下ごしらえ

1 キャベツは1cm幅の細切りにする。

2 卵はボウルに割り入れ、塩を加えて溶き混ぜる。

本調理

3 フライパンにサラダ油大さじ⅔を中火で熱し、2を流し入れて焼く。縁が固まってきたら軽く混ぜ、半熟状になったら一度取り出す。

4 同じフライパンをさっと拭き、サラダ油大さじ⅓、にんにくを中火で熱し、香りが出たら1を入れ、強火で1分ほど炒める。

5 Aを加えて10秒ほど炒め、3を戻し入れて炒め合わせる。

キャベツと豆腐の炒めもの

 だから太らない 食べ応えのあるキャベツと低脂質の豆腐の超ヘルシーな組み合わせ。
一皿で大満足できるおいしさです。

材料 （2人分）

キャベツ…¼個
小ねぎ…1本
木綿豆腐…1丁
にんにく（粗みじん切り）…3かけ分
合わせ調味料
　┌ しょうゆ・酒…各大さじ1
　│ オイスターソース…小さじ1
　│ 塩・鶏がらスープの素
　│ 　…各小さじ⅓
　│ こしょう・中国たまりじょうゆ
　└ 　（あれば）…各少々
水溶き片栗粉
　…片栗粉小さじ⅓＋水大さじ1
サラダ油…大さじ1

作り方

下ごしらえ

1 キャベツはひと口大に切り、洗って水けをきる。小ねぎは白い部分と緑の部分を分けて小口切りにする。

2 豆腐はひと口大に切り、キッチンペーパーで包み、水けをきる。

おいしく仕上げるコツ

豆腐は水けをきることで、味が薄まらなくなるので丁寧に下ごしらえを。

本調理

3 フライパンにサラダ油大さじ⅔を中火で熱し、**2**を入れて焼く。全面に焼き色がついたら一度取り出す。

4 同じフライパンをさっと拭き、サラダ油大さじ⅓、にんにく、小ねぎの白い部分を中火で熱し、香りが出たらキャベツを加え、しんなりするまで炒める。

5 **3**を戻し入れ、火力を最大にして30秒ほど炒め合わせる。合わせ調味料を加えて全体を混ぜながら炒める。

6 水溶き片栗粉を回し入れてとろみをつけ、小ねぎの緑の部分を加えてさっと炒める。

白菜

白菜とひき肉のピリ辛炒め

だから太らない

水分を多く含む白菜は、低カロリー＆低糖質。
カリウムも含まれているので、むくみの解消にも◎。

〈 材料 〉（2人分）

白菜…¼株
豚ひき肉…150g
塩…ひとつまみ
豆板醤…小さじ1
にんにく（粗みじん切り）…1かけ分
A 「しょうゆ…大さじ1
  └ 酒…小さじ1
B 「オイスターソース…小さじ1
  └ 鶏がらスープの素…小さじ½
水溶き片栗粉
　…片栗粉小さじ1＋水大さじ2
サラダ油…小さじ2

〈 作り方 〉

下ごしらえ

1 白菜は芯と葉を分け、縦1cm幅の細切りにする。

本調理

2 フライパンにサラダ油小さじ1を中火で熱し、1の芯を入れて1分ほど炒める（a）。塩を加えてさっと炒め、一度取り出す。

3 同じフライパンにサラダ油小さじ1を中火で熱し、ひき肉を入れ、白っぽくなるまで炒める。豆板醤、にんにくを加え、30秒ほど炒める。

4 Aを加えて全体を混ぜ、2を戻し入れて強火で10秒ほど炒め合わせる。

5 1の葉を加えて炒め、しんなりしたらBを加えて混ぜながら炒める。水溶き片栗粉を回し入れてとろみをつける。

POINT

白菜は芯と葉を分けて、歯応えをいかして。

おいしく仕上げるコツ

白菜の幅を均一にすることで、
火がまんべんなく通るので、
シャキシャキ感を残せます。

ひき肉の旨みが
白菜の食感と合わさって
お箸がどんどん進む！

白菜

酢溜白菜
スー　リウ　バイ　ツァイ

だから太らない　酢には血糖値の急上昇を抑制したり、脂肪燃焼を助ける効果が期待できるので、味つけに活用して取り入れましょう。

材料　（2人分）

白菜… 6枚

A
└ にんにく（粗みじん切り）
　 … 2かけ分
└ 赤唐辛子（細切り）… 1本分

合わせ調味料

└ 水… 大さじ2
　 しょうゆ・ポン酢しょうゆ
　 　… 各小さじ2
　 鶏がらスープの素… 小さじ⅔
　 片栗粉… 小さじ½
　 砂糖… 小さじ⅓
└ 塩… 少々

サラダ油… 小さじ2

作り方

下ごしらえ

1 白菜は芯は斜めそぎ切りにし（a）、葉は大きめのざく切りにする。

本調理

2 フライパンにサラダ油、**A**を中火で熱し、香りが出たら**1**の芯を入れてしんなりするまで炒める。

3 **1**の葉を加え、再びしんなりするまで炒め、合わせ調味料を加えて全体を混ぜながら炒める。

POINT

そぎ切りにすることで、芯までやわらかくなる。

白菜と厚揚げの煮込み

<u>だから太らない</u> コクのある厚揚げをメインに、水分量の多い白菜でカサ増ししたヘルシーな一品。
しょうがもきいて満足度が高まります。

材料 (2人分)

白菜…¼玉
厚揚げ…1枚
しょうが(せん切り)…15g
合わせ調味料
- 水…100㎖
- しょうゆ…小さじ2
- 鶏がらスープの素…小さじ1
- 砂糖…小さじ⅔
- 塩…少々
- こしょう…適量

水溶き片栗粉
- …片栗粉小さじ1＋水大さじ2

サラダ油…小さじ2

作り方

下ごしらえ

1 白菜はひと口大に切る。厚揚げは2～3㎝角に切る。

本調理

2 フライパンにサラダ油、しょうがを中火で熱し、香りが出たら厚揚げを入れて1分ほど焼く。

3 厚揚げの上に白菜を加え、合わせ調味料を加え、蓋をして3分ほど煮る。全体を混ぜ、再び蓋をして5分ほど煮る。

4 水溶き片栗粉を回し入れてとろみをつけ、強火にして汁けを飛ばす。

おいしく仕上げるコツ

厚揚げは表面をこんがりと焼いて香ばしく!

大根

コク旨大根

<u>だから太らない</u>

大根は優れた整腸作用があり、便秘の改善に積極的に取り入れたい食材です。
カロリーが低いので、おなかいっぱいに食べても◎。

〈 材料 〉（2人分）

大根…小1本（500g）
小ねぎ…1本
にんにく（薄切り）…2かけ分
合わせ調味料
　水…100㎖
　しょうゆ…大さじ2
　オイスターソース…小さじ2
　砂糖…小さじ1
水溶き片栗粉
　…片栗粉小さじ½＋水大さじ3
サラダ油…小さじ2

〈 作り方 〉

下ごしらえ

1 大根は乱切りにし、小ねぎは小口切りにする。

本調理

2 深めのフライパンにたっぷりのお湯を沸かし、大根を入れて蓋をせずに10分ゆで（a）、一度取り出す。

3 フライパンのお湯を捨ててさっと拭き、サラダ油、にんにくを中火で熱し、**2**を戻し入れて焼き色がつくまで焼く（b）。

4 合わせ調味料を加え、蓋をして中火で5分煮る。全体を混ぜ、再び蓋をして5分煮る。

5 小ねぎを加えてさっと混ぜ、水溶き片栗粉を回し入れてとろみをつける。

おいしく仕上げるコツ

大根は下ゆですることで
アクが抜けて甘みがアップし、
おいしく仕上がります。

POINT

（a）大根のアクを抜くために、10分ほど下ゆでを。（b）焦げ目がつくまで焼くことで、大根の甘みと旨みを引き出す。

ひと手間かけて、
大根をよりおいしく！
甘辛味で召し上がれ

57

大根

せん切り大根の中華炒め

だから太らない　大根は水分が多く、味つけが濃くなりがちなので、
少量の調味料でも味がなじむようによくしぼることがポイントです。

材料 （2人分）

大根…⅓本（400g）
小ねぎ…1本
赤唐辛子（輪切り）…1本分
　┌ しょうゆ・オイスターソース
　A　…各小さじ⅔
　└ 砂糖…小さじ½
鶏がらスープの素…小さじ½
サラダ油…小さじ2

作り方

下ごしらえ

1 大根はせん切りにし、ボウルに入れ、
塩大さじ1（分量外）をまぶして10分
ほどおく。水洗いして水けをしぼる（a）。

2 小ねぎは小口切りにする。

本調理

3 フライパンにサラダ油、赤唐辛子を中
火で熱し、香りが出たら**1**を入れ、強
火で1分ほど炒める。

4 弱火にし、**A**を加えて15秒ほど炒める。
鶏がらスープの素、**2**を加えてさっと
炒める。

POINT

a

味がなじみやすいようによくし
ぼる。

大根ときゅうりのねぎサラダ

だから太らない 大根は、生のまま食べれば栄養を余さず取り入れられるので、サラダで食べるのも
おすすめです。ドレッシングのかけすぎには、気をつけて。

材料 （2人分）

大根…⅓本（400g）
きゅうり…1本
A
 ┌ 小ねぎ（小口切り）…1本
 └ 赤唐辛子（輪切り）…1本分
合わせ調味料
 ┌ 酢…大さじ1
 │ 砂糖・塩・ごま油…各小さじ1
 └ 鶏がらスープの素…小さじ⅔
サラダ油…小さじ2

作り方

下ごしらえ

1 大根、きゅうりはせん切りにし、水に浸けて冷やす。水けをきり、キッチンペーパーで水けを拭き取り、ボウルに入れる。

本調理

2 別のボウルに合わせ調味料を入れ、混ぜ合わせる。

3 フライパンにサラダ油、Aを中火で熱し、香りが出るまで炒めたら、2に加えて混ぜ合わせる。

4 3を1に加えてあえる。

おいしく仕上げるコツ

水に浸けて冷やすことで、野菜のシャキッと感をアップさせます。

小松菜・チンゲン菜・にら

小松菜と豆腐のやみつき炒め

だから太らない

β-カロテン、ビタミンCが豊富な小松菜には、カルシウムも多く含まれます。
ダイエット中は不足しがちなので、健康的な体づくりのためにもしっかり取り入れて。

材料 （2人分）

小松菜… 3株
木綿豆腐… 1丁
A ┌ にんにく（粗みじん切り）… 1かけ分
 └ 赤唐辛子（輪切り）… 1本分
B ┌ しょうゆ… 小さじ2
 └ オイスターソース… 大さじ½
合わせ調味料
 ┌ 水… 大さじ1
 │ 鶏がらスープの素… 小さじ½
 │ 砂糖… 小さじ⅓
 └ 塩… 少々
サラダ油… 小さじ2

作り方

下ごしらえ

1 小松菜は茎と葉を分けて3〜5cm長さに切る。

2 豆腐はキッチンペーパーで包み、水けをきる。

本調理

3 フライパンにサラダ油を中火で熱し、**2**を入れ、ヘラで乱切りにしながら焼き色がつくまで焼く。

4 **A**を加えて炒め、香りが出たら**1**の茎を加え、強火で15秒ほど炒める（a）。**1**の葉を加えて10秒ほど炒める。

5 弱火にし、**B**を加えて10秒ほど炒め、合わせ調味料を加える。全体を混ぜながら強火で10秒ほど炒める。

POINT

a

茎と葉を分けて炒めて、炒めすぎないように。

おいしく仕上げるコツ

10秒ほど炒めては次の食材を入れていく手順なので、事前にすべて揃えた状態で作り始めましょう。

小松菜・チンゲン菜・にら

小松菜と大豆の炒めもの

だから太らない ビタミン豊富な小松菜と高たんぱくの大豆を組み合わせた女性にうれしい一品です。
栄養満点で低カロリーな小松菜を積極的に使いましょう。

材料 （2人分）

小松菜… 3株
大豆（水煮）… 150g
赤唐辛子（輪切り）… 1本分
A ┌ オイスターソース・しょうゆ
  └ … 各小さじ1
B ┌ 砂糖・鶏がらスープの素
  │ … 各小さじ⅔
  └ 塩… 小さじ½
サラダ油… 小さじ1
ごま油… 少々

作り方

下ごしらえ

1 小松菜は茎と葉を分け、1cm長さに切る。

2 大豆は水洗いし、水けをきる。

本調理

3 フライパンにサラダ油、赤唐辛子を中火で熱し、**1**の茎を入れて30秒ほど炒める。

4 **2**を加えて1分ほど炒め、**1**の葉を加えて10秒ほど炒める。

5 弱火にし、**A**を加えて10秒ほど炒め、**B**を加えてさっと混ぜ合わせる。ごま油を加えてさっと炒める。

おいしく仕上げるコツ
調味料を入れるときには弱火に。余熱を利用して、火の通りすぎを防ぎます。

チンゲン菜のにんにく炒め

<u>だから太らない</u> チンゲン菜は低カロリーなうえ、ビタミンが豊富で、カルシウムや鉄も
含まれる優秀野菜です。生でも食べられるので、さっと炒めればOK。

〈 **材料** 〉（2人分）

チンゲン菜…2株
にんにく（粗みじん切り）…3かけ分
　┌ 砂糖…小さじ½
　A
　└ 塩…少々
水溶き片栗粉
　…片栗粉小さじ½＋水大さじ2
サラダ油…小さじ2

〈 **作り方** 〉

下ごしらえ

1 チンゲン菜は根元を切り落とす。

本調理

2 フライパンにサラダ油、にんにくを
中火で熱し、香りが出たら**1**を入れ
てしんなりするまで炒める。

3 弱火にし、**A**を加えてさっと炒め（a）、
水溶き片栗粉を回し入れてとろみを
つける。

POINT

水分が出ないよう、チンゲン菜
がしんなりしてから調味料を
入れる。

にらとひき肉の炒めもの

だから太らない にらに含まれるアリシンという香り成分が、豚肉に含まれるビタミンB₁の吸収率をアップ。ダイエットや疲労回復に効果的。

おいしく仕上げるコツ
ひき肉は少しかたまりが残るように軽くほぐしながら炒めると、食べ応えを感じられて◎。

〈 **材料** 〉（2人分）

にら…1束
豚ひき肉…130g
A「 しょうゆ・酒…各小さじ2
 └ オイスターソース…小さじ1
塩…少々
サラダ油…小さじ1

〈 **作り方** 〉

下ごしらえ

1 にらは茎と葉を分け、3〜5cm長さに切る。

本調理

2 フライパンにサラダ油を中火で熱し、ひき肉を入れて白っぽくなるまで炒める。

3 Aを加えて15秒ほど炒めたら、1の茎を加えて10秒ほど炒め、葉を加えてさっと炒める。塩を加えて10秒ほど炒める。

にらのピリ辛炒め

だから太らない ビタミンB₁を多く含む食材を使った料理と一緒に添えることで、
糖質の代謝を助け、ダイエットをサポートします。

材料 (2人分)

にら…1束
花山椒…少々
┌ にんにく(粗みじん切り)
A …1かけ分
└ 赤唐辛子(輪切り)…1本分
┌ しょうゆ…小さじ1
B 鶏がらスープの素…小さじ⅓
└ 砂糖…少々
サラダ油…小さじ2

作り方

下ごしらえ

1 にらは3〜5cm長さに切る。

本調理

2 フライパンにサラダ油、花山椒を中火で熱し、香りが出たらA、**1**を加え、強火で30秒ほど炒める。

3 弱火にし、Bを加えて15秒ほど炒める。

おいしく仕上げるコツ
サラダ油に花山椒の香りを移すように炒めて、香りを楽しみましょう。

ピーマン

甘酸っぱい焼きピーマン

だから太らない

ビタミンCの含有量はトップクラス。
美肌やストレスに効果的なので、積極的に毎日の献立に取り入れて。

材料 （2人分）

ピーマン…8個
にんにく（粗みじん切り）…1かけ分
合わせ調味料
> 水…大さじ2
> しょうゆ・オイスターソース
> 　…各大さじ1
> 酢…小さじ1
> 砂糖…小さじ½
サラダ油…小さじ2

作り方

下ごしらえ

1 ピーマンは種とワタを取り除き、横にして包丁の腹で押して潰す。

本調理

2 フッ素樹脂加工のフライパンを中火で熱し、**1**を入れ、押しつけながら焼く。両面に焼き色がついたら一度取り出す。

3 同じフライパンにサラダ油、にんにくを中火で熱し、香りが出たら**2**を戻し入れて炒める。

4 合わせ調味料を加えて混ぜ、蓋をして弱火で1分ほど蒸し焼きにする。上下を返し、再び蓋をして1分ほど蒸し焼きにする。

5 蓋を取り、中火で炒めて汁けを飛ばす。

おいしく仕上げるコツ

蒸し焼きにすることで、
ピーマンの香ばしさと甘みを
引き出します。

酢で酸味をつけて、
さっぱりと食べられる！

ピーマン

ピーマンと鶏もも肉のさっぱり炒め

だから太らない ピーマンに豊富なビタミンCは、たんぱく質と一緒に摂取するのがベスト。
筋肉量が増えて代謝が上がり、やせやすい体に。

おいしく仕上げるコツ
ポン酢しょうゆとトマトケチャップで、まろやかな酸味をつけて、子どもから大人まで食べやすい味つけに。

材料 （2人分）

ピーマン…5個
鶏もも肉…200g
合わせ調味料
├ 水…大さじ3
│ ポン酢しょうゆ・
│ 　トマトケチャップ…各大さじ1
│ しょうゆ…小さじ2
│ 砂糖…小さじ1
└ こしょう…適量
サラダ油…小さじ1

作り方

下ごしらえ

1 ピーマンは種とワタを取り除き、縦1〜2cm幅に切る。鶏肉はひと口大に切る。

本調理

2 フライパンにサラダ油を中火で熱し、鶏肉を皮目を下にして並べ入れて焼く。焼き色がついたら上下を返して端に寄せ、空いたスペースにピーマンを入れてしんなりするまで焼く。

3 合わせ調味料を加え、汁けが少なくなるまで1分ほど炒める。

無限甘辛ピーマン

ピーマンに含まれるビタミンCは熱に強いのが特徴。じっくり焼いても、ビタミンCを壊さないので、効率的に取り入れることができます。

材料 （2人分）

ピーマン… 10個
しょうが（せん切り）… 25g
しょうゆ… 大さじ1
オイスターソース… 大さじ½
　┌ 水… 大さじ2
　A 砂糖… 小さじ1
　└ 鶏がらスープの素… 小さじ½
サラダ油… 小さじ2

作り方

下ごしらえ

1 ピーマンは四つ割りにし、種とワタを取り除く。

本調理

2 フライパンにサラダ油、しょうがを中火で熱し、香りが出たら**1**を並べ入れる。フライ返しで押しつけながら、焼き色がつくまで焼く（a）。

3 弱火にし、しょうゆを加えて10秒ほど炒め、オイスターソースを加えて10秒ほど炒める。

4 Aを加え、混ぜながら30秒ほど炒める。

POINT

フライ返しで押しつけて焼くと、甘みが出て苦味がやわらぐ。

ゴーヤ

ゴーヤの卵炒め

だから太らない

ゴーヤの特徴である苦味成分は、モモルデシンといい、
血糖値を下げる効果が期待できます。

材料 （2人分）

ゴーヤ…1本
卵（Lサイズ）…3個
塩…少々
　┌ にんにく（粗みじん切り）
　A 　…1かけ分
　└ 赤唐辛子（輪切り）…1本分
オイスターソース・しょうゆ
　…各小さじ2
サラダ油…大さじ1

作り方

下ごしらえ

1 ゴーヤは縦半分に切って種とワタを取り除き、
5mm～1cm幅で斜めに切る。

2 卵はボウルに割り入れ、塩を加えて溶き混ぜる。

本調理

3 深めのフライパンに塩小さじ1（分量外）を入れ
たたっぷりのお湯（約1000ml）を沸かし、1を
入れてさっとゆでる。冷水にとり（a）、水けを
きる。

4 フライパンのお湯を捨ててさっと拭き、サラダ
油大さじ⅔を中火で熱し、2を流し入れて焼く。
縁が固まってきたら軽く混ぜ、半熟状になった
ら一度取り出す。

5 同じフライパンにサラダ油大さじ⅓、Aを中火
で熱し、香りが出たら3を入れ、強火で1分ほ
ど炒める。

6 弱火にし、オイスターソースを加えて混ぜ、4
を戻し入れて炒め合わせる。しょうゆを加えて
さっと炒める。

POINT

a

水にさらすことでゴーヤの苦味をやわらげ
ます。

おいしく仕上げるコツ

ふわふわの卵に仕上げるために、
一度取り出すのがポイントです。
最後にさっと炒め合わせて。

ゴーヤ

ゴーヤとさば缶の旨炒め

だから太らない 青魚に多く含まれるEPA、DHAなどの不飽和脂肪酸は、中性脂肪を減らす効果が期待できます。体内では作れない栄養素なので、食材から取り入れましょう。

材料 （2人分）

ゴーヤ…1本
さば水煮缶…1缶
にんにく（薄切り）…1かけ分
しょうゆ…大さじ1
砂糖…小さじ½
サラダ油…大さじ1

作り方

下ごしらえ

1 ゴーヤは縦半分に切って種とワタを取り除き、薄切りにする。

2 さばは缶から身を取り出し、軽くほぐす（缶汁はとっておく）。

本調理

3 深めのフライパンに塩小さじ1（分量外）、サラダ油少々（分量外）を入れたたっぷりのお湯（約800㎖）を沸かし、**1**を入れて1分ほどゆでる。冷水にとり、水けをきる。

4 フライパンのお湯を捨ててさっと拭き、サラダ油、にんにくを中火で熱し、香りが出たら**2**を入れて20秒ほど炒める。

5 **3**を加えて1分ほど炒め、しょうゆを加えてさっと炒める。

6 砂糖、缶汁を加え、強火で炒めて汁けを飛ばす。

おいしく仕上げるコツ
さば缶はそのままでも食べられるので、パサパサにならないようにさっと炒めるだけでOK。

ゴーヤのあっさり炒め

だから太らない 塩分のとりすぎなどで起こるむくみの予防には、ゴーヤがおすすめ。
カリウムが豊富なので、体内の余分な塩分や水分を排出してくれます。

材料 (2人分)

ゴーヤ…1本
┌ にんにく（粗みじん切り）
A　…1かけ分
└ 赤唐辛子（輪切り）…1本分
┌ 塩・鶏がらスープの素
B　…各小さじ½
└
砂糖…小さじ½
サラダ油…小さじ1

作り方

下ごしらえ

1 ゴーヤは縦半分に切って種とワタを取り除き、横に4等分し、縦5mm幅に切る。ボウルに入れ、砂糖小さじ2（分量外）を加えてもみ込み、10分おく。水洗いして水けをきる。

本調理

2 フライパンにサラダ油、Aを弱火で熱し、香りが出たら**1**を入れ、強火で30秒ほど炒める。

3 Bを加えてさっと炒め、砂糖を加えて10秒ほど炒める。

おいしく仕上げるコツ

ゴーヤに砂糖をもみ込むことで、塩をもみ込むよりさらに苦味をやわらげることができます。

オクラ

オクラと鶏むね肉の旨塩炒め

だから太らない

オクラのネバネバはペクチンという水溶性食物繊維の一種。
糖や脂質の吸収を抑えたり、おなかで膨らむので食べすぎ防止になります。

材料 （2人分）

オクラ…8本
鶏むね肉…200g
にんにく（粗みじん切り）…1かけ分

A
水…大さじ1
しょうゆ…大さじ½
片栗粉…小さじ1
塩…少々
こしょう…適量

合わせ調味料
酒…大さじ1
しょうゆ…小さじ2
砂糖・鶏がらスープの素…各小さじ1
塩…小さじ⅓

サラダ油…小さじ2

作り方

下ごしらえ

1 鶏肉は皮を取り除き、ひと口大に切る。ポリ袋に入れ、**A**を加えてもみ込み、10分ほどおいて下味をつける。

2 オクラは塩小さじ1（分量外）を入れたたっぷりの水（約800㎖）で洗い、うぶ毛を取る（a）。

本調理

3 深めのフライパンに塩小さじ1（分量外）を入れたたっぷりのお湯（約800㎖）を沸かし、**2**を入れて1分ほどゆでて冷水にとる。水けをきり、斜めに3等分に切る。

4 フライパンのお湯を捨ててさっと拭き、サラダ油を弱火で熱し、**1**を入れ、焼き色がつくまで20～30秒動かさずに焼く。上下を返し、再び焼き色がつくまで焼く。

5 にんにくを加えて炒め、香りが出たら**3**を加えて30秒ほど炒める。

6 合わせ調味料を加え、20～30秒炒める。

POINT

a

口当たりが良くなるように、しっかり洗う。

おいしく仕上げるコツ

オクラをゆでた後は冷水に浸けすぎないこと。水っぽくなってしまうので、粗熱がとれたら水けをきりましょう。

オクラ

無限オクラ

だから太らない オクラに含まれる食物繊維の含有量は野菜のなかでもトップクラス。
腸内環境をととのえることで、ダイエットのほかに美容面にも効果的。

材料 （2人分）

オクラ… 13本
にんにく（粗みじん切り）
　…1かけ分
合わせ調味料
　　水・オイスターソース
　　　…各大さじ1
　　砂糖…小さじ⅔
　　塩…小さじ½
鶏がらスープの素…小さじ⅔
サラダ油…小さじ2

作り方

下ごしらえ

1　オクラは塩小さじ2（分量外）を入れたたっぷりの水（約800mℓ）で洗い、うぶ毛を取る。

本調理

2　深めのフライパンに塩小さじ1（分量外）、サラダ油少々（分量外）を入れたたっぷりのお湯（約800mℓ）を沸かし、**1**を入れて1分ほどゆでて冷水にとる。水けをきり、斜めに3等分に切る。

3　フライパンのお湯を捨ててさっと拭き、サラダ油、にんにくを弱めの中火で熱し、香りが出たら**2**を入れて強火で20〜30秒炒める。

4　弱火にし、合わせ調味料を加えて炒める。

5　鶏がらスープの素を加え、全体を混ぜながらさっと炒める。

おいしく仕上げるコツ

オクラは食べ応えが残るように大きめに切ることで満足感もアップ。小さいオクラは半分に切って使うと◎。

ヤバ旨冷やしオクラ

<u>だから太らない</u> オクラなど、食物繊維を豊富に含む食材は自然と咀嚼の回数が増えて満腹中枢が刺激され、食べすぎを抑えられます。

材料 (2人分)

オクラ…16本

- にんにく（粗みじん切り）
- A …1かけ分
- 赤唐辛子（輪切り）…1本分

合わせ調味料

- 水…80㎖
- しょうゆ・オイスターソース …各大さじ1
- 砂糖・鶏がらスープの素・片栗粉…各小さじ1
- 塩…小さじ½

サラダ油…小さじ1

作り方

下ごしらえ

1 オクラは塩小さじ2（分量外）を入れたたっぷりの水（約800㎖）で洗い、うぶ毛を取る。

本調理

2 深めのフライパンに塩小さじ⅓（分量外）、サラダ油少々（分量外）を入れたたっぷりのお湯（約800㎖）を沸かす。**1**を入れて50秒〜1分ゆでて取り出し、氷水を入れたボウルに浸けておく。

3 フライパンのお湯を捨ててさっと拭き、サラダ油、**A**を弱めの中火で熱し、香りが出たら合わせ調味料を入れる。混ぜながら熱し、とろみが出たら火を止め、小さめの耐熱ボウルに移す。

4 **2**のオクラを取り出し、水けをきり、縦半分に切って器に盛る（氷水はとっておく）。

5 氷水に**3**の底面を浸けて混ぜながら冷やし、**4**にかける。

もやし

もやしとにらの卵炒め

だから太らない

リーズナブルで低カロリーなもやしはダイエットに欠かせない食材の1つ。
見た目のボリューム感も出るので、満足感につながります。

材料 (2人分)

もやし…1袋
にら…½束
卵(Lサイズ)…2個
塩…少々
しょうが(せん切り)…5g
A ┌ しょうゆ…大さじ1
　├ 鶏がらスープの素…小さじ⅔
　└ 砂糖・塩…各小さじ⅓
サラダ油…大さじ1
ごま油…適宜

作り方

下ごしらえ

1 にらは茎と葉を分け、5cm長さに切る。

2 卵はボウルに割り入れ、塩を加えて溶き混ぜる。

本調理

3 フライパンにサラダ油大さじ⅔を中火で熱し、**2**を流し入れて焼く。縁が固まってきたら軽く混ぜ、半熟状になったら一度取り出す。

4 **3**のフライパンをさっと拭き、サラダ油大さじ⅓を中火で熱し、しょうがを入れて軽く炒める(a)。**1**の茎、もやしを加え、強火で30秒ほど炒める(b)。

5 **3**を戻し入れ、**1**の葉を加えてさっと炒める。**A**を加え、全体を混ぜながらさっと炒める。お好みでごま油を回しかける。

おいしく仕上げるコツ

炒めるときはサラダ油で、仕上げにごま油を回しかけることで香りをダイレクトに楽しめます。

POINT

(a)しょうがの香りを引き出すように炒める。(b)強火で一気に炒めることで、香ばしく仕上がる。

もやし

もやしと油揚げの炒めもの

だから太らない 油揚げはたんぱく質をとることができ、さらにコクもあるので満足感をしっかりと得られるおかずになります。

材料（2人分）

もやし…1袋
油揚げ…2枚
小ねぎ…1本
赤唐辛子（輪切り）…1本分
合わせ調味料
　しょうゆ…小さじ2
　鶏がらスープの素…小さじ2/3
　砂糖…小さじ1/2
サラダ油…小さじ2

作り方

下ごしらえ

1 小ねぎは白い部分と緑の部分を分けて小口切りにする。

おいしく仕上げるコツ
油揚げをこんがりと焼きつけて、香ばしくカリッとした食感に。

本調理

2 フライパンを中火で熱し、油揚げを入れ、押しつけながら焼く。両面に焼き色がついたら取り出し、1cm幅に切る。

3 2のフライパンにサラダ油、赤唐辛子、1の白い部分を中火で熱し、香りが出たらもやしと油揚げを入れ、強火で1分30秒ほど炒める。

4 合わせ調味料を加えて30秒ほど炒め、1の緑の部分を加えてさっと炒める。

もやしとちくわの炒めもの

だから太らない　魚のすり身でできたちくわは安くて有能なたんぱく質食材。
糖質と脂質も少ないので、ダイエット中におすすめの食材です。

材料 （2人分）

もやし… 1袋
ちくわ… 5本
小ねぎ… 1本
A ┌ にんにく（薄切り）… 1かけ分
　└ 赤唐辛子（輪切り）… 1本分
B ┌ しょうゆ… 小さじ2
　└ オイスターソース… 小さじ1
塩… 少々
サラダ油… 小さじ2

作り方

下ごしらえ

1 ちくわは縦横半分に切り、細切りにする。小ねぎは小口切りにする。

本調理

2 フライパンにサラダ油、Aを中火で熱し、香りが出たらちくわを入れて30秒ほど炒める。

3 もやしを加え、強火で1分ほど炒める。

4 Bを加えて20秒ほど炒め、塩、小ねぎを加えてさっと炒める。

おいしく仕上げるコツ
油ににんにくと唐辛子の香りをしっかりと移すために、フライパンは少し傾けて炒めましょう。

ズッキーニ

ズッキーニのガーリック炒め

だから太らない

ほとんどが水分で構成されているズッキーニは、食べる量を増やしても、
低カロリーに抑えられます。大きく切って、食べ応えアップ。

〈 材料 〉（2人分）

ズッキーニ…大1本
A
- にんにく（粗みじん切り）
  …1かけ分
- しょうが（みじん切り）…8g
- 赤唐辛子（輪切り）…1本分
オイスターソース・しょうゆ
  …各小さじ1
塩…ひとつまみ
サラダ油…小さじ2

〈 作り方 〉

下ごしらえ

1 ズッキーニは横半分に切り、さらにスティック状に切る。

本調理

2 フライパンにサラダ油小さじ1を中火で熱し、**1**を並べ入れて焼く（a）。焼き色がついたら一度取り出す。

3 **2**のフライパンにサラダ油小さじ1、**A**を中火で熱し、香りが出たら**2**を戻し入れて10秒ほど炒める。

4 オイスターソースを加えてさっと炒め、しょうゆを加えて30秒ほど炒める。塩を加えて10秒ほど炒める。

POINT

a

こんがりと表面に焼き色をつけて。

おいしく仕上げるコツ

ズッキーニはあまり日持ちがしないので、買ってきたら早めに調理するのがおすすめです。

ちょっとした
おつまみにも食べたい！
にんにくで食欲増進！

ズッキーニ

ズッキーニの卵炒め

だから太らない ズッキーニはカリウムが豊富に含まれているので
むくみの予防におすすめの食材です。夏の熱中症予防にも。

材料 (2人分)

ズッキーニ…2本
卵(Lサイズ)…2個
にんにく(粗みじん切り)
　…1かけ分
A ┌ しょうゆ・オイスターソース
　└ 　…各小さじ1
B ┌ 鶏がらスープの素…小さじ⅔
　│ 塩…少々
　└ こしょう…適量
サラダ油…小さじ1と⅔

作り方

下ごしらえ

1 ズッキーニは縦横半分に切り、薄切りにする。ボウルに入れ、塩小さじ1(分量外)をまぶして5分ほどおき、水洗いして水けをしぼる。

2 卵はボウルに割り入れて溶く。

本調理

3 フライパンにサラダ油小さじ⅔を中火で熱し、2を流し入れて焼く。縁が固まってきたら軽く混ぜ、半熟状になったら一度取り出す。

4 3のフライパンをさっと拭き、サラダ油小さじ1、にんにくを中火で熱する。香りが出たら1を入れ、しんなりするまで強火で1分ほど炒める。

5 3を戻し入れ、Aを加えて15秒ほど炒め、Bを加えて全体を混ぜながらさっと炒める。

おいしく仕上げるコツ
ズッキーニを塩もみずることで、アクが抜けて口当たりが良くなります。

ズッキーニのピリ辛炒め

だから太らない ズッキーニに含まれるビタミンCは、美肌や疲労回復に効果的。
鉄分の多い食材を使った料理に添えて吸収率をアップ。

〉 **材料** 〈 （2人分）

ズッキーニ… 2本
　┌ にんにく（粗みじん切り）
A 　… 1かけ分
　└ 豆板醤…小さじ⅔
　┌ しょうゆ・酒・オイスターソース
B 　…各小さじ1
　└
サラダ油…小さじ1

〉 **作り方** 〈

下ごしらえ

1 ズッキーニは縦横半分に切り、薄切りにする（a）。ボウルに入れ、塩小さじ1（分量外）をまぶして5分ほどおき、水洗いして水けをしぼる。

本調理

2 フライパンにサラダ油、**A**を中火で熱し、香りが出たら**1**を入れて1分ほど炒める。

3 弱火にし、**B**を加え、全体を混ぜながら15秒ほど炒める。

POINT

切ってから塩もみすることで、
独特の食感が出る。

グリーンアスパラガス

アスパラとえびの ガーリック炒め

だから太らない

アスパラガスに含まれるアスパラギン酸は、
エネルギー代謝を高めるので、やせやすい体づくりにつながります。

材料 （2人分）

グリーンアスパラガス…8本
えび（殻つき）…10尾
A ┌ 酒…小さじ2
  │ 片栗粉…小さじ1
  │ 塩…小さじ½
  └ こしょう…適量
にんにく（粗みじん切り）…1かけ分
B ┌ オイスターソース・しょうゆ
  └   …各小さじ1
サラダ油…小さじ2

作り方

下ごしらえ

1 アスパラガスは3～4cm長さの乱切りにする。

2 えびは殻をむき、背ワタを取り除く。洗って水けを拭き取り、**A**で下味をつけておく。

本調理

3 鍋にサラダ油少々（分量外）を入れたたっぷりのお湯（約800ml）を沸かし、**1**を入れて1分ほどゆでる（a）。冷水にとり、ザルに上げて水けをきる（b）（お湯はとっておく）。

4 **3**の鍋に**2**を入れてゆで、色が変わったらすぐに取り出す。

5 フライパンにサラダ油、にんにくを中火で熱し、香りが出たら**3**を入れ、強火で1分ほど炒める。

6 **4**を加えて10～15秒炒め、**B**を加えてさっと炒める。

おいしく仕上げるコツ

アスパラガスはゆですぎてしまうと、
食感が損なわれてしまうので、
1分ほどさっとゆでましょう。

POINT

(a) お湯を沸かす時間を節約するために、ゆでる順番で工夫を。
(b) アスパラガスは冷水にとることで、色が鮮やかになる。

歯触りの良い
アスパラガスを、
パクパク食べられる!

グリーンアスパラガス

アスパラと鶏むね肉のあっさり炒め

だから太らない アスパラガスに含まれるポリフェノールの一種、ルチンは、
毛細血管を丈夫にするので血流を改善する効果が期待できます。

材料 （2人分）

グリーンアスパラガス … 10本
鶏むね肉 … 180g
　┌ 酒 … 大さじ1
　│ 片栗粉 … 小さじ1
A│ 塩 … 小さじ½
　└ こしょう … 適量
にんにく（粗みじん切り） … 2かけ分
　┌ しょうゆ … 小さじ2
B│ 鶏がらスープの素 … 小さじ½
　└ こしょう … 適量
サラダ油 … 小さじ2

作り方

下ごしらえ

1 鶏肉は皮を取り除いて厚さを2〜3等分にし、重ねて5〜7mm幅の細切りにする。**A**で下味をつけておく。

2 アスパラガスは3〜4cm長さの斜め切りにする。

本調理

3 鍋に塩小さじ½（分量外）、サラダ油少々（分量外）を入れたたっぷりのお湯（約800ml）を沸かし、**2**を入れて1分ほどゆでて冷水にとり、水けをきる（お湯はとっておく）。

4 **3**の鍋に**1**を入れてゆで、白っぽくなったらすぐに取り出す。

5 フライパンにサラダ油、にんにくを中火で熱し、香りが出たら**3**を入れ、強火で1分ほど炒める。

6 **4**を加えて30秒ほど炒め、**B**を加えてさっと炒める。

おいしく仕上げるコツ
鶏むね肉はパサパサとしがちなので、片栗粉をまぶしてジューシーさを閉じ込めます。

アスパラとしめじの旨炒め

だから太らない 低カロリーなアスパラガスとしめじの組み合わせ。歯応えもあるので、
満腹中枢も刺激されて食べすぎを防ぎます。

〉 **材料** 〈 (2人分)

グリーンアスパラガス…5本
しめじ…1袋
にんにく（薄切り）…1かけ分
　┌ しょうゆ…小さじ2
　A オイスターソース…小さじ1
　└ こしょう…少々
鶏がらスープの素…少々
サラダ油…小さじ1

〉 **作り方** 〈

下ごしらえ

1 アスパラガスは4〜5cm長
さの斜め切りにする。しめ
じは石づきを切り落として
ほぐす。

本調理

2 鍋にたっぷりのお湯（約800
ml）を沸かし、アスパラガスを
入れて1分ほどゆでる。冷水に
とり、水けをきる（お湯はとっ
ておく）。

3 **2**の鍋にしめじを入れて30秒
ほどゆで、水けをきる。

4 フライパンにサラダ油、にんに
くを中火で熱し、香りが出たら
2、**3**を入れ、強火で1分ほど
炒め合わせる。

5 弱火にし、**A**を加えて炒め、全
体にからめたら、鶏がらスープ
の素を加えてさっと炒める。

おいしく仕上げるコツ

食材に火を通すときは強火で
炒めることで、中華料理らしい
香ばしさが出せます。

いんげんの旨塩炒め

だから太らない

食物繊維が豊富に含まれる緑黄色野菜。便秘解消に効果的な不溶性食物繊維、
血糖値の急上昇を抑える水溶性食物繊維をバランスよく含みます。

材料 （2人分）

さやいんげん… 2袋（200g）
にんにく（粗みじん切り）… 2かけ分
水… 80㎖
A
┌ 鶏がらスープの素… 小さじ1
└ 塩… 小さじ½
サラダ油… 小さじ2

作り方

下ごしらえ

1 さやいんげんはヘタと筋を取り除き、塩小さ
じ⅓（分量外）を入れた水（約800㎖）で洗う。
水けをきり、2〜3㎝長さの斜め切りにする。

本調理

2 フライパンにサラダ油、にんにくを中火で熱
し、香りが出たら**1**を入れ、強火で1分ほど
炒める（a）。

3 水を加えて（b）蓋をして（c）、中火で3〜5
分蒸し焼きにする。

4 **A**を加え、全体を混ぜながらさっと炒める。

POINT

（a）にんにくの香りを移すよ
うに炒める。（b）水は一気に
入れて、すぐに蓋をする。
（c）しっかりと火を通すため
に蒸し焼きにする。

おいしく仕上げるコツ

口当たりが良くなるように、
さやいんげんの下ごしらえは
欠かさずにやりましょう。

旨塩味で、お箸が止まらない！ にんにくの後引く味わい！

さやいんげん

いんげんと豚肉のやみつき炒め

だから太らない さやいんげんは、野菜のなかではたんぱく質が多く含まれており、相性の良いビタミンCも含まれているので、美肌におすすめの食材です。

材料 （2人分）

さやいんげん… 1袋（100g）
豚切り落とし肉… 100g
A
┌ にんにく（粗みじん切り）
│ … 2かけ分
└ 赤唐辛子（輪切り）… 2本分
しょうゆ… 小さじ2
B
┌ 鶏がらスープの素… 小さじ⅔
└ 塩… 少々
サラダ油… 大さじ1

作り方

下ごしらえ

1 さやいんげんはヘタと筋を取り除き、塩小さじ1（分量外）を入れた水（約1000ml）で洗う。水けをきり、2～3cm長さの斜め切りにする。

本調理

2 フライパンにサラダ油大さじ⅓を中火で熱し、**1**を入れて強火で1分ほど炒め、一度取り出す。

3 **2**のフライパンにサラダ油大さじ⅔、**A**を中火で熱し、香りが出たら豚肉を入れて炒める。6割方火が通ったら、**2**を戻し入れて炒め合わせる。

4 弱火にし、しょうゆを加えて10秒ほど炒める。**B**を加えて全体を混ぜながらさっと炒める。

おいしく仕上げるコツ

豚の切り落とし肉は火が通りやすいので、色が変わるのを目安に焼きすぎないように気をつけて。

やみつきいんげんサラダ

だから太らない　糖質や脂質の代謝を促すビタミンB$_1$やB$_2$が豊富なさやいんげん。
エネルギー代謝が活発になります。

材料 （2人分）

さやいんげん… 2袋（200g）
合わせ調味料
- にんにく（粗みじん切り）
  …3かけ分
- しょうゆ・ポン酢しょうゆ・
  オイスターソース・ごま油
  …各大さじ1
- 白いりごま・ラー油
  …各小さじ1
- 砂糖…小さじ½

作り方

下ごしらえ

1 さやいんげんはヘタと筋を取り除き、
塩小さじ1（分量外）を入れた水（約
800㎖）で洗う。

本調理

2 鍋に塩小さじ1（分量外）を入れたたっ
ぷりのお湯（約800㎖）を沸かし、**1**
を入れて3分ほどゆでて冷水にとる。
水けをきり、3㎝長さの斜め切りにし、
ボウルに入れる。

3 合わせ調味料を加えてあえる（a）。

POINT

合わせ調味料は事前にしっかり
と混ぜ合わせる。

じゃがいも

<ruby>香辣<rt>シャン ラー</rt></ruby>じゃが

だから太らない

じゃがいもは炭水化物の量が白米より少なく、実はイメージよりもヘルシー。
食物繊維やビタミンCも多く含むので、きれいにやせたいときにおすすめ。

材料 (2人分)

じゃがいも…3個
花山椒…10粒
豆板醤…小さじ1
A ┌ 一味唐辛子…小さじ1
  │ 砂糖…小さじ⅔
  └ 塩…小さじ½
白いりごま…適量
サラダ油…大さじ1

作り方

下ごしらえ

1 じゃがいもは水でよく洗い、皮つきのまま乱切りにする。再度洗って水けをきり、耐熱ボウルに入れてラップをかけ (a)、電子レンジで8分20秒加熱する。

本調理

2 フライパンにサラダ油を中火で熱し、弱火にして花山椒を入れ、焦げに注意しながら香りが出るまで炒める。豆板醤を加え、香りが出るまでさらに炒める。

3 1を加え、全体に焼き色がつくまで弱めの中火で焼く (b)。

4 Aを加えて全体を混ぜながら炒め、白いりごまを加えてさっと炒める。

おいしく仕上げるコツ

花山椒の香りを出してから豆板醤を加えることで、それぞれの食材の香りを最大限にいかすことができます。

POINT

(a) 一度電子レンジで加熱して、中までしっかり加熱を。
(b) 弱めの中火でじっくりと表面を焼く。

おつまみにも最高！
表面はカリッと、中は
ホクホクおいしい！

じゃがいも

新じゃがのせん切り炒め

だから太らない　じゃがいものビタミンCは加熱しても壊れにくいと言われています。
油少なめで調理してカロリーオフし、シャキシャキ食感で満足感をアップ。

材料 （2人分）

じゃがいも…2個
小ねぎ…1本
にんにく（粗みじん切り）…2かけ分
赤唐辛子（輪切り）…2本分
　┌ しょうゆ…小さじ1
　A 鶏がらスープの素…小さじ½
　└ 塩…小さじ⅓
ポン酢しょうゆ…少々
サラダ油…小さじ2

おいしく仕上げるコツ

シャキシャキとした食感を楽しめる
調理方法です。じゃがいもは水に浸さず、
洗う程度で調理をしてください。

作り方

下ごしらえ

1 じゃがいもはせん切りに
して水洗いし、小ねぎは
小口切りにする。

本調理

2 深めのフライパンにたっぷりの
お湯を沸かし、じゃがいもを入
れ、15秒ほどゆでて水けをきる。

3 フライパンのお湯を捨ててさっ
と拭き、サラダ油、半量のにん
にく、赤唐辛子を中火で熱し、
香りが出たら**2**を入れ、強火で
30秒ほど炒める。

4 **A**を加えて10秒ほど炒める。

5 ポン酢しょうゆ、残りのにんに
く、小ねぎを加え、全体を混ぜ
ながらさっと炒める。

じゃがいものガーリック炒め

だから太らない じゃがいもは糖質を効率的にエネルギーに変えるために必要なビタミンB_1が豊富です。
代謝をサポートしながら、疲労やだるさ予防にも。

材料 （2人分）

じゃがいも…2個
にんにく（粗みじん切り）
　　…1かけ分
合わせ調味料
　┌ 水…50ml
　│ しょうゆ・酒…各大さじ1
　│ オイスターソース…小さじ1
　│ 砂糖…小さじ⅓
　└ 塩…ひとつまみ
サラダ油…大さじ1
小ねぎ（小口切り）…適量

作り方

下ごしらえ

1 じゃがいもは7mm幅のいちょう切りにし、耐熱ボウルに入れて水にさらす。水けをきってラップをかけ、電子レンジで3分20秒〜4分10秒加熱する。

おいしく仕上げるコツ
じゃがいもを透き通るまで焼くと、甘みが引き出されます。さらに焼き色がつくのを目安に焼きましょう。

本調理

2 フライパンにサラダ油大さじ⅔を弱めの中火で熱し、**1**を入れて焼き、透き通って軽く焼き色がついたら一度取り出す。

3 **2**のフライパンをさっと拭き、サラダ油大さじ⅓、にんにくを中火で熱し、香りが出たら合わせ調味料を加えて煮立たせる。

4 **2**を戻し入れ、汁けが少なくなるまで混ぜながら煮る。

5 器に盛り、小ねぎを散らす。

玉ねぎ

玉ねぎの激旨炒め

だから太らない

玉ねぎに含まれる硫化アリルは、血液をサラサラにする効果があります。
血行をよくして代謝が上がるので、やせやすい体づくりにつながります。

材料 （2人分）

玉ねぎ… 1個

小ねぎ… 1本

A ┌ しょうゆ・オイスターソース
　　└ …各小さじ1

B ┌ 鶏がらスープの素…小さじ½
　　└ 塩…ひとつまみ

サラダ油…小さじ1

作り方

下ごしらえ

1 玉ねぎは乱切りにし、1枚ずつばらす（a）。小ねぎは小口切りにする。

本調理

2 フライパンにサラダ油を中火で熱し、玉ねぎを入れ、しんなりしてきつね色になるまで2〜3分炒める。

3 弱火にし、**A**を加えて10秒ほど炒め、**B**を加えて15秒ほど炒め、小ねぎを加えてさっと炒める。

POINT

つなぎ目の部分を切ると、ばらしやすい。

おいしく仕上げるコツ

玉ねぎが透明になり、さらにきつね色に焼き色がつくのを目安にすると、甘みが引き出されて◎。

玉ねぎ

玉ねぎと鶏むね肉の炒めもの

だから太らない 玉ねぎは野菜のなかでは糖質は高めですが、糖質をエネルギーに変える
ビタミンB1が豊富。脂肪の蓄積を抑える効果もあります。

材料 （2人分）

玉ねぎ… 1個
鶏むね肉… 230g
ピーマン… 1個
┌ 水… 大さじ1
│ しょうゆ… 小さじ2
A 酒… 大さじ½
│ 片栗粉… 小さじ½
└ こしょう… 少々
塩… ひとつまみ
┌ 水・しょうゆ… 各大さじ½
B 鶏がらスープの素… 小さじ⅔
└ 砂糖… 小さじ½
サラダ油… 小さじ1と½

作り方

下ごしらえ

1 鶏肉は皮を取り除いて厚い部分を開き、フォークで数カ所穴をあけ、ひと口大に切る。ポリ袋に入れ、**A**を加えてもみ込んで下味をつけておく。

2 玉ねぎはひと口大に切る。ピーマンは種とワタを取り除き、ひと口大に切る。

本調理

3 フライパンにサラダ油小さじ1を中火で熱し、**1**を並べ入れて焼く。両面に焼き色がついたら一度取り出す。

4 **3**のフライパンをさっと拭き、サラダ油小さじ½を中火で熱し、**2**を入れて炒める。しんなりしたら塩を加えてさっと炒める。

5 **3**を戻し入れて10秒ほど炒め合わせ、**B**を加えて強火で10秒ほど炒める。

おいしく仕上げるコツ
たんぱく質が豊富な鶏むね肉ですが、パサパサしがちなので、下味をしっかりともみ込みましょう。

玉ねぎとピーマンの炒めもの

だから太らない 血液をサラサラにする玉ねぎと、ビタミンCたっぷりのピーマンで
内側からきれいになる野菜炒めです。動脈硬化を防ぐ効果も期待できます。

〈 材料 〉（2人分）

玉ねぎ… 1個
ピーマン… 1個
にんにく（粗みじん切り）
　…1かけ分
豆板醤…小さじ1
A「 オイスターソース・しょうゆ
　└　…各小さじ1
こしょう…少々
サラダ油…小さじ1

〈 作り方 〉

下ごしらえ

1 玉ねぎは乱切りにし、1枚ずつばらす。ピーマンは種とワタを取り除き、玉ねぎと同じくらいの大きさに切る。

本調理

2 フライパンにサラダ油、にんにくを中火で熱し、香りが出たら**1**を入れ、強めの中火でしんなりするまで炒める。

3 中火にし、豆板醤を加えて10秒ほど炒め、**A**を加えて10秒ほど炒める。

4 こしょうをふり、全体を混ぜながらさっと炒める。

おいしく仕上げるコツ

火の入り方にムラができないように、同じくらいの大きさに切るのがポイントです。

ブロッコリーのガーリック蒸し炒め

だから太らない

食べ応えがあるうえ、β-カロテン、ビタミンC、食物繊維が豊富なブロッコリーは、ダイエット時の強い味方。満腹感が感じられ、便秘解消にも効果的です。

材料 （2人分）

ブロッコリー…1株

A
「にんにく（粗みじん切り）…3かけ分
└赤唐辛子（輪切り）…1本分

塩…小さじ⅓

水…大さじ3

鶏がらスープの素…小さじ1

水溶き片栗粉
　…片栗粉小さじ⅓＋水大さじ3

サラダ油…小さじ2

作り方

下ごしらえ

1 ブロッコリーは小房に分け、塩小さじ1（分量外）を入れた水（約800㎖）で洗い、水けをきる。

本調理

2 フライパンにサラダ油、Aを中火で熱し、香りが出たら1を入れ、強火で1分ほど炒める（a）。塩を加えてさっと炒める。

3 水を加え（b）、蓋をして2分ほど蒸し焼きにする（c）。

4 鶏がらスープの素を加えてさっと炒め、水溶き片栗粉を回し入れてとろみをつける。

POINT

（a）ブロッコリーにほんの少し焼き色がつくらいが目安。
（b）少量の水で蒸し焼きにすれば、ゆでるよりも時短に。
（c）ブロッコリーの大きさや調理器具によって加熱時間は加減して。

おいしく仕上げるコツ

ブロッコリーの栄養は水に溶けやすいので、少量の水で蒸し焼きにして、栄養をなるべく残すように調理を。

ブロッコリー・カリフラワー

カリフラワーと豚肉の旨辛炒め

だから太らない カリフラワーはビタミンC、カリウム、食物繊維を豊富に含むので、美肌を保ちながら、むくみの予防に効果的です。

材料 （2人分）

カリフラワー… 1株
豚バラ肉… 100〜150g

A
- にんにく（みじん切り）… 1かけ分
- 赤唐辛子（輪切り）… 3本分

B
- しょうゆ・オイスターソース… 各小さじ2
- 砂糖… 小さじ1
- 塩… 少々

ポン酢しょうゆ… 小さじ1
サラダ油… 小さじ1

作り方

下ごしらえ

1 カリフラワーは小房に分け、塩小さじ½（分量外）を入れた水（約1000㎖）で洗い、水けをきる。

2 豚肉はひと口大に切る。

おいしく仕上げるコツ

カリフラワーは隙間に汚れがあるので、つぼみを下にして水に入れ、ふり洗いしましょう。

本調理

3 深めのフライパンに塩小さじ1（分量外）、サラダ油少々（分量外）を入れたたっぷりのお湯（約800㎖）を沸かし、**1**を入れて2分ほどゆでる。冷水にとり、水けをきる。

4 フライパンのお湯を捨ててさっと拭き、サラダ油を中火で熱し、**2**を入れて炒める。6〜7割方火が通ったら**A**を加え、香りが出るまで炒める。

5 **3**を加え、強火で1分ほど炒める。

6 弱火にし、**B**を加えて1〜2分炒め、ポン酢しょうゆを加えてさっと炒める。

ブロッコリーの卵炒め

<u>だから太らない</u> ブロッコリーには、たんぱく質の代謝を助けてくれるビタミンB₆が豊富なので、
筋肉をつけて体をひきしめたい人にぴったり。たんぱく質食材と合わせて。

〈 材料 〉（2人分）

ブロッコリー…1株
長ねぎ…½本
卵（Lサイズ）…3個
塩…少々
水…大さじ3
A ┌ 鶏がらスープの素…小さじ1
  └ 塩…少々
しょうゆ…大さじ1
サラダ油…大さじ1

〈 作り方 〉

下ごしらえ

1 ブロッコリーは小房に分け、塩小さじ1（分量外）を入れた水（約1000㎖）で洗い、水けをきる。長ねぎは大きめの斜め切りにする。

2 卵はボウルに割り入れ、塩を加えて溶き混ぜる。

おいしく仕上げるコツ

長ねぎはとても良い香りを出すので、先に油に香りを移すように炒めましょう。

本調理

3 フライパンにサラダ油大さじ⅔を中火で熱し、**2**を流し入れて焼く。縁が固まってきたら軽く混ぜ、半熟状になったら一度取り出す。

4 同じフライパンにサラダ油大さじ⅓を中火で熱し、長ねぎを入れて炒める。香りが出たらブロッコリーを加え、30秒ほど炒める。

5 水を加え、蓋をして30秒ほど蒸し焼きにする。

6 **A**を加え、**3**を戻し入れてさっと炒め、しょうゆを加えて全体を混ぜながらさっと炒める。

ⓐ ポン酢しょうゆ

柑橘系の果汁としょうゆ、酢などが
合わさった調味料で、さっぱりとし
ている。あえものなどに便利。

中華料理らしさをグンとアップさせる
ために欠かせない調味料を紹介。

ⓑ オイスターソース

かきの旨みが凝縮されたソース。炒め
物から煮込みまで使える。砂糖や油も
合わさって濃厚。

ⓒ 中国たまりじょうゆ

少量で色ツヤを良くし、まろやかな味
わいをプラスする。本書では、あれば
加えてほしい調味料として表記。

ⓓ トマトケチャップ

まろやかな酸味と甘みがある。日本人
好みの中華料理にアレンジされるなか
で使われるようになった。

ⓔ 鶏がらスープの素

丸鶏をじっくり煮出したコク深い味わ
いで、中華料理ではスープや炒めもの、
あえものなど幅広く使える。

ⓕ 豆板醤

中華料理に欠かせない辛味をプラスし
てくれる調味料。レシピから量を調整
して辛さの調節を。

PART 3

豆腐・鶏肉・卵で作る
太らない中華

中華料理らしいしっかりした味つけで箸が進む、たんぱく質が
豊富な食材をたっぷり使った食べ応えのあるおかずを紹介します。

手抜き豆腐

豆腐

だから太らない

豆腐に含まれるたんぱく質は植物性で、動物性たんぱく質よりも
カロリーや脂質が抑えられるので、たっぷりと食べられて、満足感が得られます。

材料 （2人分）

木綿豆腐…1丁
長ねぎ…1本
合わせ調味料
- 水…120㎖
- オイスターソース
  …大さじ1
- しょうゆ…小さじ2
- 砂糖・鶏がらスープの素・
  片栗粉…各小さじ1
- 塩…少々
- こしょう…適量
サラダ油…大さじ1

作り方

下ごしらえ

1 長ねぎは大きめの斜め切りにし、合わせ調味料に加える。

本調理

2 フライパンにサラダ油を中火で熱し、豆腐を入れ、ヘラでひと口大に切りながら焼き色がつくまで焼く（a）。

3 1を加え（b）、2〜3分煮る。

POINT

（a）ヘラでザクザクと適当な大きさに切り分けて。（b）よく混ぜ合わせた合わせ調味料で、全体にまんべんなく味が行き渡る。

おいしく仕上げるコツ

合わせ調味料に長ねぎを入れてからませておくことで、まんべんなく味が行き渡ります。

豆
腐

にんにくじょうゆ味の
きのこが、
クセになるおいしさ！

豆腐ときのこの激旨炒め

だから太らない

豆腐などの大豆製品に含まれる大豆イソフラボンは、コレステロールを減らす効果が期待できます。手軽に食べられるので、健康診断で気になった人はこまめに取り入れて。

材料 （2人分）

木綿豆腐…1丁
しめじ…1袋
小ねぎ…2本
A ┌ にんにく（粗みじん切り）…1かけ分
  └ しょうが（粗みじん切り）…5g
合わせ調味料
  ┌ 水…80㎖
  │ しょうゆ…大さじ1
  │ オイスターソース…小さじ2
  │ 砂糖…小さじ⅔
  └ 塩…少々
鶏がらスープの素…小さじ1
水溶き片栗粉
  …片栗粉小さじ½＋水大さじ2
サラダ油…大さじ1

作り方

下ごしらえ

1 豆腐は2〜3cm角に切り、キッチンペーパーで包み、水けをきる。しめじは石づきを切り落としてほぐす。小ねぎは小口切りにする。

本調理

2 フライパンにサラダ油を中火で熱し、豆腐を並べ入れて焼く。焼き色がついたら上下を返して端に寄せ、空いたスペースに**A**を入れて軽く炒める。

3 **A**の上にしめじを加えて炒め（a）、豆腐に焼き色がついたら強火にし、全体を炒め合わせる。

4 合わせ調味料を加え、蓋をして3分ほど煮る。

5 鶏がらスープの素を加え、強火で炒めて汁けを飛ばす。小ねぎを加え、水溶き片栗粉を回し入れてとろみをつける。

POINT

a

香りを出したにんにくとしょうがの上にしめじをのせて。

おいしく仕上げるコツ

豆腐は水けをしっかりきることで、重量感を感じられるおかずに。

豆腐

豆腐と卵のスープ

~~だから太らない~~ 植物性たんぱく質の豆腐と、動物性たんぱく質の卵を組み合わせて、
バランスの良いおかずに。このバランスは1:1が理想的と言われています。

〈 材料 〉（2人分）

絹ごし豆腐… 1丁
きくらげ（乾燥）… 5g
卵（Lサイズ）… 2個
しょうが（せん切り）… 15g
お湯… 800㎖
　┌ 鶏がらスープの素… 小さじ1
　A 塩… 小さじ⅔
　└ こしょう… 適量
水溶き片栗粉
　…片栗粉大さじ1＋水100㎖
サラダ油… 大さじ½
ごま油… 少々
小ねぎ（小口切り）… 3本分

〈 作り方 〉

下ごしらえ

1 豆腐は薄切りにし、5㎜〜
1㎝幅に切る。きくらげは
水で戻し、細切りにする。

2 卵はボウルに割り入れて溶
く。

本調理

3 フライパンにサラダ油、しょう
がを中火で熱し、香りが出たら
お湯、きくらげを入れ、沸騰し
たら**A**を加えてひと混ぜする。

4 豆腐を加え、崩れないようにや
さしく混ぜ、1分ほど煮る。

5 水溶き片栗粉を回し入れてとろ
みをつけ、煮立ったら**2**を流し
入れて火を止め、軽く混ぜる。
ごま油を加え、小ねぎを散らす。

おいしく仕上げるコツ

> 水溶き片栗粉を加えて
> とろみをつけ、アツアツな
> スープに仕上げます。

豆腐の卵炒め

たんぱく質、カルシウムが多め。卵と組み合わせるから、
アミノ酸バランスがととのいます。筋肉量維持のために、積極的に取り入れて。

材料 （2人分）

木綿豆腐… 1丁
卵（Lサイズ）… 2個
合わせ調味料
  - 水…大さじ2
  - しょうゆ…大さじ1
  - 砂糖・オイスターソース
    …各小さじ1
  - 片栗粉…小さじ⅓
  - 塩・こしょう…各少々
サラダ油…大さじ1
小ねぎ（小口切り）…適量

作り方

下ごしらえ

1 豆腐はひと口大の角切りにし、深めの器に並べ入れる。

2 卵はボウルに割り入れて溶き、**1**に回しかける。

本調理

3 フライパンにサラダ油を中火で熱し、**2**を流し入れて（a）焼く。縁が固まってきたら上下を返し、弱火で2分ほど焼く。

4 合わせ調味料を加え、崩れないようにやさしく混ぜながら2〜3分炒める。

5 器に盛り、小ねぎを散らす。

POINT

a

豆腐に卵をからめてから焼くことで、フライパンの中で豆腐が崩れるのを防ぐ。

鶏肉

ねぎ油鶏

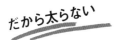

だから太らない

鶏むね肉は高たんぱく・低脂質の優秀な食材。

保温調理で中に火を通すので、しっとりした仕上がりになるのも◎。

材料 （2人分）

鶏むね肉… 230g

長ねぎ… 1本

きゅうり… 3本

にんにく（薄切り）… 2かけ分

A
┌ しょうが（スライス）… 2枚
└ 酒… 大さじ1

B
┌ 小ねぎ（小口切り）… 3本分
│ しょうゆ・ポン酢しょうゆ・
│   オイスターソース… 各大さじ1
│ 砂糖… 小さじ1
└ しょうが（すりおろし）… 少々

サラダ油… 大さじ2

※このレシピでは作ったねぎ油を全量使うわけではありません。ねぎ油を作り置きしておけば、肉料理のソースやサラダドレッシング、ラーメンの香りづけなどにも使えます。

作り方

下ごしらえ

1 鶏肉は皮を取り除く。長ねぎは白い部分と緑の部分に分けて、白い部分は3〜5cm長さに切る。

2 きゅうりはせん切りにし、塩ひとつまみ（分量外）をもみ込んで10分おき、水洗いして水けをしぼる。

本調理

3 鍋にたっぷりの水（約1000㎖）、A、長ねぎの緑の部分を入れて火にかける。沸騰したら弱火にし、鶏肉を入れて2分ほどゆでる（a）。火を止め、蓋をして30分ほどおく。鶏肉を氷水にとり、薄切りにする。ゆで汁を20㎖とっておく。

4 フライパンにサラダ油を弱火で熱し、長ねぎの白い部分、にんにくを入れてじっくり揚げる。きつね色になったら取り出し（b）、香りが移った油（ねぎ油）の粗熱をとり、保存容器に移す（c）。

5 ボウルにB、3のゆで汁20㎖、4のねぎ油小さじ2を入れて混ぜ合わせる。

6 器の中央に2を盛り、3を並べてのせる。5を回しかけ、4のにんにくを散らす。

POINT

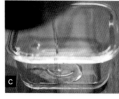

（a）あくまでも余熱で火を通すので加熱時間は守りましょう。（b）にんにくと長ねぎが焦げる一歩手前で取り出すのがコツ。（c）ねぎ油は、こして保存容器に入れて冷蔵庫で1週間保存可能。

おいしく仕上げるコツ

ねぎ油と、鶏肉の旨みが溶け込んだゆで汁を使ったソースが絶品です。

鶏肉

ピリッとクセになる
甘辛味。長ねぎの
シャキッと感が◎

鶏むね炒め ピリ辛香味ソース

だから太らない

鶏むね肉にはイミダゾールジペプチドが含まれるので、疲労回復効果が期待できます。
しかもお手頃な価格なので、取り入れやすさも魅力です。

〈 材料 〉(2人分)

鶏むね肉…220g

長ねぎ…1本

A
- 酒…小さじ2
- しょうゆ…大さじ½
- 片栗粉…小さじ⅔
- 塩…小さじ⅓

B
- にんにく(粗みじん切り)…1かけ分
- しょうが(みじん切り)…6g
- 赤唐辛子(輪切り)…3本分

合わせ調味料
- しょうゆ・ポン酢しょうゆ
　　…各小さじ2
- 砂糖…小さじ½
- 鶏がらスープの素…小さじ⅓
- こしょう…少々

サラダ油…小さじ2

〈 作り方 〉

下ごしらえ

1 鶏肉は皮を取り除き、厚い部分を開いてフォークで数カ所穴をあけ、ひと口大に切る。ポリ袋に入れ、**A**を加えてもみ込んで下味をつけておく。

2 長ねぎは白い部分と緑の部分を分けて2cm幅に切る。

本調理

3 フライパンにサラダ油、**B**を中火で熱し、香りが出たら**1**を並べ入れ、動かさずに焼き色がつくまで焼く(a)。

4 上下を返し、両面に焼き色がついたら**2**の白い部分を加えて30秒ほど炒める(b)。

5 弱火にし、合わせ調味料を加え(c)、10秒ほど炒める。

6 **2**の緑の部分を加え、しんなりするまで15秒ほど炒める。

POINT

(a) 動かさないことが、しっとりと仕上げるコツ。(b) 長ねぎは白い部分と緑の部分を分けて入れる。(c) 全体に回しかけてさっとからめる。

おいしく仕上げるコツ

鶏肉の皮目をパリッと仕上げるために、
フライパンに入れたらグッとこらえて、
動かさずに焼きましょう。

鶏肉

鶏もも肉とねぎの旨辛炒め

だから太らない しょうがに含まれるジンゲロールという成分には、
血流を良くする効果が期待できます。代謝アップでやせやすい体に。

材料 (2人分)

鶏もも肉…200g
長ねぎ…1本
しょうが(せん切り)…15g
豆板醤…小さじ1
A
├ しょうゆ…小さじ2
├ 酒…大さじ½
├ 砂糖…小さじ½
└ こしょう…適量
サラダ油…小さじ⅔

おいしく仕上げるコツ
しょうがの香りを最大限
引き出すために、切るのは
直前がベストです。

作り方

下ごしらえ

1 鶏肉は小さめのひと口大に切り、長ねぎは乱切りにする。

本調理

2 フライパンにサラダ油を中火で熱し、鶏肉を皮目を下にして並べ入れて焼く。焼き色がついたら上下を返して端に寄せ、空いたスペースにしょうがを入れて炒める。

3 豆板醤を加えて炒め合わせ、**A**を加えて混ぜながら炒める。

4 長ねぎを加え、火力を最大にして1分ほど炒める。

鶏もも肉と豆腐の炒め煮

だから太らない 植物性と動物性のたんぱく質を一緒にとると、たんぱく質が効率的に
体内に吸収されると言われています。バランス良く取り入れて。

材料 (2人分)

鶏もも肉…250g

木綿豆腐…1丁

小ねぎ…2本

A
┌ 塩…ひとつまみ
└ こしょう…少々

B
┌ にんにく(みじん切り)…1かけ分
└ しょうが(みじん切り)…5g

豆板醤…小さじ1

合わせ調味料
┌ 水…大さじ3
│ しょうゆ・オイスターソース
│   …各小さじ2
└ 砂糖…小さじ½

サラダ油…大さじ½

ごま油…少々

作り方

下ごしらえ

1 鶏肉はひと口大に切ってポリ袋に入れ、**A**を加えてもみ込んで下味をつけておく。

2 豆腐はひと口大の角切りにし、小ねぎは小口切りにする。

おいしく仕上げるコツ

最後は強火で汁けを飛ばすことで、味が染み込みおいしく仕上がります。

本調理

3 フライパンにサラダ油を中火で熱し、**1**を皮目を下にして並べ入れて焼く。焼き色がついたら上下を返して端に寄せ、空いたスペースに**B**を入れて炒める。

4 豆板醤を加えて炒め合わせ、豆腐を加えて3分ほど炒める。

5 合わせ調味料を加えて混ぜ、蓋をして3分ほど煮る。

6 小ねぎを加えてさっと混ぜ、ごま油を加え、強火で1分ほど炒めて汁けを飛ばす。

卵

卵とねぎのふんわり炒め

長ねぎの香り成分アリシンは、血糖値の上昇を抑える効果が期待できます。
香りも良いので、ダイエット中の満足感ある食事にぴったりです。

材料 （2人分）

卵（Lサイズ）… 3個
長ねぎ… 3本
こしょう… 少々
合わせ調味料
┌ 水… 大さじ1
│ しょうゆ… 小さじ2
│ オイスターソース… 大さじ½
└ 砂糖… 小さじ½
サラダ油… 小さじ2

作り方

下ごしらえ

1 卵はボウルに割り入れ、こしょうを加えて溶き混ぜる。

2 長ねぎは白い部分と緑の部分を分けて斜め切りにする。

本調理

3 フライパンにサラダ油を中火で熱し、**2**の白い部分を入れて15秒ほど炒める。

4 **1**を流し入れ（a）、縁が固まってきたら軽く混ぜる。

5 合わせ調味料を加えて全体をさっと混ぜ、**2**の緑の部分を加え、混ぜながら10秒ほど炒める。

POINT

a

すぐにかき混ぜないで、全体的に固まるまで待ちましょう。

おいしく仕上げるコツ

長ねぎの青い部分は、加熱することで甘みが出るので、最後にさっと炒めましょう。

卵と長ねぎで、
パパッと作れる！
香ばしい一品

卵

トマトの旨みと
卵のやわらかさが
やさしくマッチ！

卵とトマトの炒めもの

だから太らない

トマトに豊富に含まれるリコピンは抗酸化作用が強く、
血管を丈夫にして血流を高め、代謝アップにつながります。内側からきれいに！

材料 (2人分)

卵(Lサイズ)…3個
トマト…2個
A ┌ 塩…ひとつまみ
　└ 酢…少々
トマトケチャップ…大さじ1
塩…小さじ⅔
B ┌ 水…大さじ1
　└ 砂糖…小さじ1
サラダ油…大さじ1
小ねぎ(小口切り)…1本分

作り方

下ごしらえ

1 卵はボウルに割り入れ、**A**を加えて溶き混ぜる。

2 トマトは乱切りにする。

本調理

3 フライパンにサラダ油大さじ⅔を中火で熱し、**1**を流し入れて焼く。縁が固まってきたら軽く混ぜ、半熟状になったら一度取り出す。

4 **3**のフライパンにサラダ油大さじ⅓を中火で熱し、**2**を入れて軽く炒め、トマトケチャップを加えて炒める。塩を加えてさっと炒め、**B**を加えてトマトがしんなりするまで炒める。

5 **3**を戻し入れて炒め合わせる。

6 器に盛り、小ねぎを散らす。

おいしく仕上げるコツ

砂糖を入れるか入れないかは
実は地域によって異なります。
お好みの味を見つけてください。

卵

卵とトマトのスープ

 卵は食物繊維とビタミンC以外のすべての栄養成分を含む「完全栄養食品」と言われるほど。
ダイエット中の食事のバランスをととのえましょう。

材料 （2人分）

卵（Lサイズ）… 2個
トマト… 1個
お湯… 500㎖

A
鶏がらスープの素・しょうゆ
…各小さじ1
塩…小さじ½
こしょう…少々

水溶き片栗粉
…片栗粉大さじ1＋水50㎖
サラダ油…小さじ1
ごま油…小さじ1
小ねぎ（小口切り）…適量

作り方

下ごしらえ

1 卵はボウルに割り入れて溶く。

2 トマトは小さめの角切りにする。

おいしく仕上げるコツ
トマトは小さめの角切りにして、みずみずしさをスープ全体に行き渡らせて。

本調理

3 フライパンにサラダ油を中火で熱し、**2**を入れ、しんなりするまで2分ほど炒める。

4 お湯を加え、沸騰したら**A**を加えて混ぜ、水溶き片栗粉を回し入れてとろみをつける。

5 スープを混ぜながら**1**を回し入れる。

6 ごま油を加えて軽く混ぜ、小ねぎを散らす。

卵とオクラの炒めもの

だから太らない 手軽に買える食材は、継続したダイエットには欠かせません。
卵は日持ちもするので、常備しておくのがベスト。

材料 (2人分)

卵 (Lサイズ) … 2個
オクラ … 16本
塩 … ひとつまみ
合わせ調味料
- 酒 … 大さじ1
- しょうゆ … 小さじ2
- ポン酢しょうゆ … 小さじ1
- こしょう … 少々
サラダ油 … 小さじ2

作り方

下ごしらえ

1 卵はボウルに割り入れ、塩を加えて溶き混ぜる。

2 オクラは塩小さじ2 (分量外) を入れたたっぷりの水 (約1000㎖) で洗い、うぶ毛を取る。

POINT

卵が固まってきたら、ヘラで食べやすい大きさに切り分けて。

本調理

3 深めのフライパンに塩小さじ⅓ (分量外) を入れたたっぷりのお湯 (約800㎖) を沸かし、**2**を入れて30秒〜1分ゆでて冷水にとる。水けをきり、ひと口大の斜め切りにし、**1**に加えて混ぜ合わせる。

4 フライパンのお湯を捨ててさっと拭き、サラダ油を中火で熱し、オクラを混ぜ合わせた**1**を流し入れて動かさずに焼く。固まってきたら上下を返し、ヘラで切り分けながら全体に焼き色がつくまで炒める (a)。

5 合わせ調味料を加えてさっと炒める。

INDEX

毎日中華（まいにちちゅうか）

健康診断でコレステロール値を指摘されてから、今までの食生活を見直すも、ふるさとの味である中華を食べたい！という思いから、太らない中華をテーマにYouTubeチャンネルを開設。『毎日中華』にて、中国人の夫と日本人の妻で、中国の家庭料理をメインに動画を公開している。中国の家庭料理をもっと日本の皆さんに知ってもらうべく活動中。

STAFF

デザイン	蓮尾真沙子（tri）
撮影	増田えみ
スタイリング	佐々木沙恵子
イラスト	前田はんきち
編集	丸山みき、樫村悠香、永野廣美（SORA企画）
企画・編集	石塚陽樹（マイナビ出版）
校正	聚珍社（しゅうちんしゃ）
印刷・製本	シナノ印刷株式会社

太らない中華

2024年2月25日　初版第1刷発行

著者	毎日中華
発行者	角竹輝紀
発行所	株式会社マイナビ出版

〒101-0003　東京都千代田区一ツ橋2-6-3　一ツ橋ビル2F
TEL：0480-38-6872（注文専用ダイヤル）
TEL：03-3556-2731（販売部）
TEL：03-3556-2735（編集部）
MAIL：pc-books@mynavi.jp
URL：https://book.mynavi.jp